【铁血将帅系列】

李继红
田玉洪 著

华中科技大学出版社
http://www.hustp.com
中国·武汉

图书在版编目(CIP)数据

大汉战神：霍去病传/李继红，田玉洪著.—武汉：华中科技大学出版社，2018.6（2024.1 重印）

（铁血将帅系列）

ISBN 978-7-5680-3909-3

Ⅰ.①大 Ⅱ.①李… ②田… Ⅲ.①霍去病（前140-前117）—传记 Ⅳ.①K825.2

中国版本图书馆CIP数据核字（2018）第080126号

大汉战神：霍去病传
Dahan Zhanshen: Huoqubing zhuan

李继红　田玉洪　著

策划编辑：沈剑锋　张　丛
责任编辑：张　丛
封面设计：蚂蚁字坊
责任校对：何　欢
责任监印：朱　玢

出版发行：华中科技大学出版社（中国·武汉）　电话：（027）81321913
　　　　　武汉市东湖新技术开发区华工科技园　邮编：430223
印　　刷：武汉科源印刷设计有限公司
开　　本：710mm×1000mm　1/16
印　　张：15.5
字　　数：212千字
版　　次：2024年1月第1版第9次印刷
定　　价：36.00元

本书若有印装质量问题，请向出版社营销中心调换
全国免费服务热线：400-6679-118　竭诚为您服务
版权所有　侵权必究

PREFACE 序

汉武大帝时期是一个彪炳千秋、震古烁今的时代，是一个开疆拓土、武功烈烈的时代，是一个意气风发、积极进取的时代。

曾几何时，崛起于戈壁荒漠的游牧民族匈奴凭借着品种优良的战马，矫健无双的骑兵，灵活机动的战术，独步天下的骑射功夫，踏破长城，饮马黄河，纵横驰骋，所向无敌，一代代匈奴雄主指点江山，挥斥方遒，对大汉帝国予取予求，战和由己，那是何等的猖獗妄为，何等的不可一世！

公元前141年，一个乳名为"彘"（zhì）其意为"猪"的刘氏子弟君临天下，登上了历史舞台，他就是与秦始皇齐名的汉武帝。他一改列祖列宗隐忍的作风，向称王称霸的匈奴宣战。"有非常之功，必待非常之人"，为了促使军队养成勇武血性好战的作风，汉武帝对有功将领重赏，对失误和败军之将重罚，把"无功不得侯"的祖制发挥到了极致。据史料统计，汉武帝时一共有89人封侯，其中因战功封侯者达53人，匈奴及其他少数民族共有29人因降汉而封侯，而因其他原因封侯者只有7人[1]。名利诱惑之下，大江南北，边郡腹地，长城内外，处处崇尚武功，以骑射为能，以从军为乐，以马上封侯为人生之追

---

[1] 军事科学院. 中国军事通史·西汉卷[M]. 北京：军事科学出版社，1998.

求,"战苦军犹乐,功高将不骄",为汉家建功立业的渴望使得整个国家慷慨从戎的尚武精神喷薄而出,"犯强汉者,虽远必诛"成为时代的最强音符,造就了一个名将辈出、异彩纷呈的精武强兵的时代。霍去病就是其中出乎其类拔乎其萃者,与卫青号称"帝国双璧""汉家双雄"。作为一代战将,霍去病创造了中华名将史上的诸多传奇。

第一个传奇是少年得志,将才天成。一将功成万骨枯,多少士兵的尸骨才成就将军的令名。大凡兵家名将必须经过多年的战争磨炼和战火的洗礼,才能修成正果,成就功业。可是,霍去病在统兵作战前,未预军旅之事,未闻战鼓之声,18岁从征,旗开得胜;20岁为统兵大帅,收复河西;22岁统率大军,漠北扬威。明朝名将戚继光发出了如此追问:"卫青、霍去病、谢玄、岳飞、中山武宁王,抑神仙乎?抑是我辈之人乎?"宋朝军事理论家何去非则这样解释:"卫青起于仆隶,去病奋于骄童,转战万里,无向不克,声威功烈震于天下,虽古之名将无以过之。二人者之能,岂出于素习耶?亦天之所资也。"

第二个传奇是屡战屡胜,百战不殆。胜负乃兵家常事,这是兵家说的话。战争毕竟是作战双方的激烈对抗,一战而胜容易,连战连捷也有可能,百战不殆就难乎其难了,战场上没有常胜之将。可是,霍去病短短一生先后6次率军出征,每次都是高奏凯歌,得胜而归,连战连捷,这应该算是一个异数。就连司马迁在为其作传时,也难以解释。

第三个传奇是战功赫赫,战果辉煌。一身转战三千里,一剑曾挡百万师。霍去病在短短的六载岁月里,歼灭俘虏匈奴累计达15万,开疆拓土数千里,是歼敌数量最多、战果最辉煌的帝国将领,在整个西汉时期,无出其右者。更重要的是,在霍去病的铁血征伐下,纵马扬鞭称雄大漠上百年的匈奴帝国第一次低下了高昂的头颅,放弃了马踏长城的梦想,蜷缩在漠北苦寒之地,在辽阔无边的草原中找不到栖身之地,立锥之所。

第四个传奇是用兵不拘古法,自出胸臆。战争是一门艺术,霍去病用兵可用"神来之笔"形容，他不按套路，独出胸臆，自创战法。汉武帝曾经要求霍去病多多研读兵家的著作，提高军事理论素养，可是霍去病的回答是"顾方略何如耳，不至学古兵法"。似乎有点狂妄，可正如宋代军事理论家何去非所言："法有定论，而兵无常形。……守一定之书，而应无穷之敌，则胜负之数戾矣。"在战争领域内，理论永远是苍白的，只有丰富的战争实践才最重要。卫青、霍去病所面对的敌人是草原游牧民族，战争模式完全改观，大漠鏖兵，草原逐鹿，战场空间空阔寥远，必须进行战法创新，墨守成规无疑是死路一条。其实，纵观霍去病指挥的战役，还是能够发现其用兵之法。其一，闪击战术的成功运用。霍去病用兵凶狠泼辣，利用骑兵优势快速突击，大开大合，收发自如，其疾如风，其徐如林，侵掠如火，不动如山，疾如闪电，动如雷震，令匈奴闻风丧胆，丧魂失魄。①其二，远距离迂回，长途奔袭，出其不意，攻其不备。霍去病用兵善于出奇制胜，因势利导，机动灵活，出奇创新，令对手防不胜防，收到出奇制胜的效果。他大胆而不莽撞，豪放而又不失精细，如二征河西，采取迂回战术，千里转进，避开敌人正面，从后面发起突然攻击，取得了丰硕战果。其三，霍去病发挥主观能动性，勇于创新，解决了骑兵兵团在诸如沙漠荒原等全新战场环境下作战的一系列战术问题，如因粮于敌、长途奔袭等，把骑兵优势发挥到极致，提高了汉军在荒漠中行军作战的机动能力，加强了攻击力，使汉军成为善于在沙漠与匈奴角逐的可怕对手。

第五个传奇是虽高高在上，却深获兵心。翻开中华名将谱，那些有着煌煌大名、烈烈功业的将帅们，几乎个个都是爱兵如子的模范人物。战国时期的吴起与士兵同甘共苦，生死与共。有个士兵生了恶性毒疮，吴起亲自替他吸吮脓液，因此"卒伍和睦，上下一心"，"在魏，秦人不敢东向；在楚，则三晋不敢南谋"。当朝的李广也是深得部众爱戴的将军，得到的赏赐与士卒分享，以

---

① 《孙子兵法·军争篇》。

致自刎时,三军为之痛哭。霍去病少年亲贵,阴忍果断,在军中说一不二,一言九鼎,唯我独尊,独断专行,高高在上,高不可攀。他不是一个爱兵如子、能与部下同甘共苦的将领,以"不省士"而闻名。可是,大江南北,长城内外,锐勇轻死之士纷纷投奔霍去病,渴望跟随他建功立业,封妻荫子,显亲扬名。即便追随霍去病走到天涯海角,他们依然保持高昂的士气和令对手胆寒的战斗力,他是用自己战无不胜攻无不克的战神气概征服部属,从而赢得他们的衷心拥护和爱戴,而不屑于用小恩小惠去固结军心,这也许是别具一格的官兵关系吧。

第六个传奇是饮马翰海,封狼居胥。"侯骑出纷纷,元戎霍冠军""横行十万骑,欲扫房尘馀"。漠北大战中,霍去病统带雄师长驱直入,纵横驰骋三千多里,饮马翰海,封狼居胥,把大汉帝国的兵威播撒到异域,建立不世之功业,令后人为之血脉偾张,热血沸腾。这是当时中国军队深入敌境最遥远的地方,是登峰造极之战,是农耕文明与游牧民族双雄对决的一次完胜,兵威之盛,一时无敌,这样的完胜不可复制,也难以复制,可谓前不见古人,后不见来者,成为中国军人心向往之的梦想。

第七个传奇是天妒英才,英年早逝。瓦罐不离井上破,将军难免阵前亡。霍去病6次出征毫发无损,却在大战两年之后驾鹤西去,从而留下了千古谜团。他的英年早逝,使得多少人扼腕长叹,唏嘘不已。惊艳出场,辉煌谢幕,如同一条神龙,在天空降下风,播下雨,进行了酣畅淋漓的演出,然后飞驰而去,一闪而逝,只留下尘世里一段战神传奇供后人评说。这个传奇既壮烈,又凄美;既绚烂夺目,又使人感伤莫名。可谓五味杂陈,恻之悼之,难以形诸笔端。

时势造英雄,英雄生活的时代注定是不平凡的年代。汉武帝是孜孜于开疆拓土的一代雄主,西汉帝国酝酿已久的对匈奴的殊死决战,使霍去病得以弱冠之年崛起于行伍,建功塞外,横行漠北,无敌于天下。

序

"落英飘蕊雪纷纷，啼鸟如悲霍冠军。"后人对霍去病的仰慕和崇拜的情结，不光是对少年英雄的怀念与哀思，更是对尚武精神的推崇与向往。兵临翰海，封狼胥居，多么令人荡气回肠，心向往之。"匈奴未灭，何以家为！"更成为千古名句，激励着一代代有志之士为国家为民族慷慨赴死，马革裹尸。

本书的撰写得到国防大学出版社总编室主任冯国权大校的精心指导，在此表示感谢。由于作者水平所限，错漏之处在所难免，敬请方家指正。

CONTENTS
目录

第一章
风云际会　名将出世
001

第二章
双雄对决　各有胜负
035

第三章
漠南蒙古　将星闪烁
073

第四章
一战河西　独领风骚
093

第五章
二战河西　并武广地
119

第六章

河西受降　威震敌胆
137

第七章

漠北决战　封狼胥居（上）
161

第八章

漠北决战　封狼胥居（下）
181

第九章

外掌兵马　内握枢机
201

第十章

名将风采　俎豆馨香
219

大事年表
235

参考文献
237

第一章　风云际会　名将出世

在一个社会结构和秩序稳固的状态下，政治和社会资源的垄断和分配是由权力掌控的。按照等级秩序的游戏规则，最高权力掌控者进行各种资源的调配，从而达成了各有等差各尽其份的社会构架的平衡。在这样的平衡中，永远是贵者恒贵，贱者恒贱。那种"朝为田舍郎，暮登天子堂"的人生转换不能说没有，但相当罕见。只有当社会秩序受到外力冲击，传统的政治方略失灵，权力大厦摇摇欲坠，才是人才辈出、各显身手的时候。卫氏一家的勃兴，也遵循着这个套路。没有外戚身份，则卫氏可能永无出头之日，借助外戚这个平台，加上西汉帝国正面临强敌压境，需才孔殷，卫青、霍去病才脱颖而出，上演了波澜壮阔的人生大剧。

第一节　生为奴子长绮罗

霍去病（前140—前117），字子侯，西汉名将，河东平阳（今山西临汾）人。

公元前140年，霍去病出生于一个奴仆之家，他是平阳公主府的女奴卫少儿与平阳县（今山西临汾）小吏霍仲孺私通而生的儿子。平阳是开国功臣曹参的封邑。公元前205年（汉高祖二年），魏王豹反叛，曹参以代理左丞相的身份前往平叛，活捉了魏王豹，夺取了平阳，平定了魏地，刘邦就把平阳的10 630户封给曹参作为食邑，封号叫平阳侯。曹参在功臣中功居第二，汉惠帝时官至丞相，"萧规曹随"，为一代名臣。曹参死后，其子曹窋承袭侯爵，高后时任御史大夫。平阳侯爵传到曹寿已经是第四代，曹寿娶了平阳公主。平阳公主是汉景帝刘启与皇后王娡的长女，也是汉武帝刘彻的同胞长姐，姐弟二人感情深厚。汉朝时一般以公主食邑或夫家封邑所在地称呼公主，平阳公主的食邑是阳信，故称阳信公主，嫁给曹寿后，又称平阳公主。汉武帝刘彻即位后，平阳公主被尊为长公主，平阳曹家是世代簪缨笏满床的豪奢之家。

侯门深似海，阀阅之家规矩多。霍仲孺自然不敢承认自己跟公主府的女奴私通，于是霍去病只能以私生子的身份降世。奴仆之子的未来依然是奴仆，这

第一章 风云际会 名将出世

是命中注定的,何况他连名分也没有,因为这个名叫霍仲孺的芝麻小官在霍去病出生后不久,就从平阳公主府回到了平阳县,继续当他的小官,并且娶妻生子,对霍去病没有尽一点抚养义务。至于霍去病为何姓霍而不是如卫青跟母姓,则史无明载,不得而知,不过霍去病在人生很长的时期不知生父身份倒是事实。至于父子相认,认祖归宗,则是霍去病已经成为统兵大将后的事了。汉武帝元狩四年(前119年),也就是漠北大战开战之时,霍去病以骠骑将军之职率兵出击匈奴,路过河东,河东太守出城郊迎,亲为前驱,小心伺候。霍去病命下属将霍仲孺请到临时休息的旅舍,倒头便拜说:"去病早先不知道自己是大人之子。"霍仲孺面对霍去病自然心中万分愧疚,不敢摆出长辈的架子,连忙匍匐在地,连连叩头说:"老臣得托将军,此天力也。"意思是说,以我这样的微贱之人却有这么出息的儿子,完全是天意,是老天爷赏赐来的,可不是我本人的功劳。当然,这完全是鬼话,只不过是为自己未尽义务开脱责任,同时又高捧霍去病而已。宋朝著名文学家林同为此写诗称许霍去病的孝行:"不早知此体,元来托大人。低头拜县吏,谁拟霍将军。"

不管霍仲孺尽没尽抚养的责任和义务,毕竟是霍去病的生身之父,况且自己拥有庞大的政治资源,有条件和能力尽孝。霍去病随后出钱为霍仲孺置办了大量田宅,使其生父成为富家翁,方才率军匆匆离去。及至班师回朝时,又顺便将同父异母的弟弟霍光带到长安,安置在帐下,保荐为郎官,霍光在乃兄的栽培下,逐渐升至奉车都尉、光禄大夫,负责保卫汉武帝的安全,"出则奉车,入侍左右",后来竟然成为西汉历史上赫赫有名的权臣。

不过,虽然霍去病最终认祖归宗,可是霍仲孺在霍去病的人生中,无论是从抚育、教养还是建功立业,都没有施加任何影响。因此,本文对于霍仲孺一笔带过。倒是生母这一方给了霍去病源源不断的政治资源。

"宰相必起于州部,猛将必发于卒伍。"从奴隶到将军的人生转换也会上演。所以,即便生为奴子,经过后天的打拼,后来富贵发达、光宗耀祖直至封

大汉战神：霍去病传

妻荫子也不足为奇，史书上可谓比比皆是。霍去病生为女奴之子，身份卑微低贱，童年生活想必非常困苦，遭人白眼，忍饥挨饿，经历过炼狱般的磨难。可是史书上明明记载他"长于绮罗"，也就是说他的童年是在一个富贵豪奢之家度过的，可谓锦衣玉食，衣食无忧，这是怎么回事呢？这话说来就长了，我们必须往前追述，才能知道来龙去脉。

话说在平阳公主府里生活着这么一家奴仆，丈夫姓卫，娶妻自然是卫某氏了，史书上她被称为卫媪。夫妇二人一共生了一男三女：长子卫长君，长女卫君孺，次女卫少儿（也就是霍去病的生身母亲），三女卫子夫。三个女儿个个天生丽质，花容月貌，特别是三女卫子夫更是出落得貌若天仙，楚楚动人，温玉生香，风姿绝世，并且身材窈窕，亭亭玉立，秀发飘飘，能歌善舞，是公主府的歌女。

卫氏在公主府日夜劳作，不幸生病，很快病入膏肓，宣告不治。卫氏死后，卫媪仍旧在平阳侯家中靠充当奴仆为生。不久，丧夫寡居的卫媪与在平阳侯府中一个名叫郑季的县吏私通，这段孽缘使两个私生子降生，其中一个就是后来大名鼎鼎的卫青。

奴仆的生活无疑是很艰难的，奴仆不仅经常挨打挨骂，而且也永远没有出头之日。有鉴于此，卫媪就把年纪尚小的卫青送到了亲生父亲郑季的家里，希望郑季念父子之情，能够好好培养卫青，将来有个好的前程。对于这个私生子，也许是慑于老婆的淫威，或许压根不喜欢，郑季对卫青相当刻薄，没有半点父子之情，不但没有供卫青读书，而且把卫青当成了半个劳动力，经常让年纪尚小的卫青到山坡上放羊。郑家的几个儿子也从来不把卫青看成手足兄弟，而是当成奴隶，随意打骂，百般嘲弄，任意苛责。而出身的尴尬、周遭人的白眼，更给这个尚未成年渴望温情的孩子带来了无尽的精神磨难。

这种寄人篱下的非人生活是常人难以忍受的。卫青稍大一点后，不愿再受郑家的奴役，又回到母亲身边，为了表示与生父恩断情绝，在明知生父为谁的

第一章 风云际会 名将出世

情况下,卫青放弃父姓,冒姓为卫,随了已经死去的卫氏。可见,卫青对于生父是非常伤心失望的。

奴仆的社会地位是很低下的,他们是可以任意欺凌的对象。在卫青13岁左右,此时卫青的二姐卫少儿16岁左右,已经出落成为一个亭亭玉立的

霍去病陵园的览胜亭 于博文 摄影

青春少女,按照当时女子15岁成婚的法律规定,已经可以出嫁了。平民15岁以后不结婚就需要向政府交纳一定的费用。当然,作为公主府的奴仆是可以免税的。也就在这个时候,卫少儿与平阳县的小吏霍仲孺私通,生下了霍去病。从这个角度来说,卫青与霍去病的身世是惊人的相似。

卫青已经成了半大小子,不能光吃不干。于是,卫媪就托人给卫青谋了个差事,做了平阳公主的骑奴,经常随平阳公主进进出出。有一次,卫青跟随别人来到甘泉宫,一位囚徒看到他的相貌后说:"这是贵人的面相啊,将来一定能封侯拜相。"卫青苦笑着说道:"我身为人奴之子,只求免遭笞骂,吃饱穿暖,已是万幸,哪里谈得上立功封侯呢?"

人世间世事难料,野百合也有自己的春天。就在公元前138年的春天,一位贵人造访公主府,改变了卫氏一家的命运。这位贵人就是登基的汉武帝。此时,霍去病刚刚3岁,正是懵懂无知的年纪。

汉武帝即位后,他的第一位皇后陈氏连续数年没有生育。作为胞姐,平阳公主很关心这件事,于是就把平阳附近长相娇美端庄的大户人家的女子收买来,养在家中,准备让汉武帝选取为妃。适逢汉武帝在霸上举行完开春祭典后,一时兴起想看望一下姐姐,便来到平阳侯家中做客,平阳公主就将这些美

大汉战神：霍去病传

女装饰打扮起来，供汉武帝选择，但他一个也没有看上。接着，平阳公主让家中的歌女助兴，其中就有卫子夫。此时的卫子夫正当妙龄，天生丽质，是个有着一头光泽秀发的豆蔻女子，正是如花似玉的好年华。汉武帝一眼就看中了卫子夫，大加赞叹，借着更衣的机会，平阳公主命卫子夫侍候。汉武帝跟卫子夫云雨一番，随后带入宫中。"不为披图来侍寝，非因主第奉身迎"说的就是汉武帝的这次艳遇。平阳公主由此获赐黄金千斤。卫子夫临别上车时，平阳公主抚摸她的后背说："到了后宫，一定要保重身体，处处小心，时时在意！假如将来在宫中显贵了，一定不要忘了我。"这就是典故"平阳拊背"的来历。

卫子夫入宫，卫青也相随入宫，"给事建章"（在建章宫做事），有了一份正式的差事。一入宫门深似海，后宫佳丽三千，争奇斗艳，卫子夫入宫后，汉武帝很快就把她忘之脑后了。寂寞梧桐深院锁清秋，卫子夫一年多没有见到汉武帝。一年后，汉武帝打算释放一批宫人，在挑选释放宫人的时候，卫子夫终于见到汉武帝，哭求出宫，可谓梨花带雨泪轻弹，汉武帝心生怜惜，说道："吾昨夜梦子夫中庭生梓树数株，岂非天意乎？"（古人把梓视为贵重之木，以梓木为有子的象征。皇帝立皇后，设三宫六院，更重要的目的是为了延续皇家血脉，以便承继大统，代代相传，传之千秋万代。如果皇帝绝嗣，嗣君乏人，轻则天下惊异，重则政治动荡。因而把皇后称梓童，含有期盼意味）于是再次临幸卫子夫。想不到不久卫子夫竟然真的怀孕了，这让数年未有身孕的陈皇后非常不爽，数次寻死觅活，形同泼妇。陈皇后的母亲馆陶公主[①]刘嫖决定为女儿出气，找卫子夫的麻烦，就命人绑架了卫子夫正在建章宫任职的弟弟卫青，准备杀害他。

馆陶公主刘嫖的丈夫陈午也是功臣之后，他是堂邑安侯陈婴的孙子。而刘嫖之所以敢放胆胡作，不仅因为她是汉景帝的同胞姐姐，还在刘彻立为太子的

---

① 馆陶公主，封邑在今河北馆陶。

第一章　风云际会　名将出世

过程中曾经出过大力,恃宠而骄。这要汉武帝的身世说起,他的身世也非常奇特。

刘彻的母亲叫王娡,是汉景帝的第二任皇后。王娡的母亲臧儿是燕王臧荼的孙女。燕王臧荼是秦末汉初群雄并起时候项羽册封的诸侯王,后被汉高祖刘邦击败杀死。落魄的凤凰不如鸡,臧儿嫁给槐里的平民王仲为妻,生一子名叫王信,还有两个女儿,长女王娡,次女王皃姁。后来王仲死了,臧儿又改嫁给长陵田氏,生了两子田蚡、田胜。王娡在入宫之前已经嫁为人妇,且已生女。臧儿找人为子女卜算时,得知她的两个女儿都是大贵之人。精明干练且热衷富贵的臧儿心生悔意,就把女儿从夫家强行接回,然后想尽办法把王娡和王皃姁送进了东宫。太子刘启果然很宠爱这对姊妹花。王娡在宫中先后生了平阳公主、汉武帝刘彻、隆虑公主和南宫公主。刘启即位后,立他的太子妃薄氏为皇后。薄氏没有生育,刘启立栗姬生的庶长子刘荣为太子。同一天,王娡之子,虚岁4岁的刘彻被立为胶东王。刘启的姐姐长公主刘嫖是个贪恋权力的女人,马上为女儿阿娇向栗姬请求联姻,被栗姬断然拒绝。碰了一鼻子灰的刘嫖转移目标,找到王娡,要把13岁的女儿许配给王娡年仅4岁的儿子胶东王刘彻,同时为19岁的次子陈蟜向王娡的三女儿6岁的隆虑公主求婚。年龄如此不般配,显然是两桩政治联姻。王娡非常精明,满口答应。刘嫖为了让刘彻上位,就经常搬弄是非,中伤栗姬,再加上王娡的有力配合,汉景帝竟然于前元七年(前150年)春废掉太子刘荣,改为临江王,栗姬则被打入冷宫。同年4月,王娡被立为皇后,过了几天,刘彻被立为太子。公元前141年景帝驾崩后,刘彻即皇帝位。这就是馆陶公主刘嫖胆大妄为的原因,也是陈皇后擅宠骄贵,敢肆意妄为的底气之源。司马迁在《史记》中写道:"上之得为嗣,大长公主有力焉,以故陈皇后骄贵。"[①]班固也在《汉书》中记下了这件事,言之凿凿:"武帝得立为太

---

① 《史记·外戚世家》。

子,长主有力,取主女为妃。及帝即位,立为皇后,擅宠骄贵。"①

常言说得好,危机危机,危中有机。话说卫青命悬于一线之际,他的好朋友公孙敖也在建章宫任职,听到消息后,连忙叫了几个人把卫青救了出来。刘嫖的鲁莽之举惹恼了汉武帝,为了回击刘嫖母女,他立马封卫子夫为夫人(夫人是汉宫中仅次于皇后的嫔妃),卫长君为侍中(皇帝的近侍),卫青为侍中、建章监,数日间给卫家的赏赐便达到千金之多。

卫家从此摆脱了奴仆身份,咸鱼翻身,一跃迈入了上流阶层,开始富贵显达起来。卫青的长姐卫君孺嫁给了九卿之一的太仆公孙贺,二姐卫少儿尽管已经生了霍去病,但后来又与功臣陈平的后人陈掌私通,汉武帝就任命陈掌为詹事府的詹事,使陈掌显贵,然后娶了卫少儿。连搭救卫青性命的公孙敖也跟着沾光,显贵起来。

此时卫青大约14岁,字叫仲卿,当时只有有身份的人才有字,字是身份的象征。而霍去病此时为5岁孩童,他从小是在卫家生活的,尽管生为奴子,幼年时期的卫家已经转运,今非昔比,他不再像他的舅舅卫青那样从小受苦,而是在糖水中长大的,家里奴仆成群,锦衣玉食,养尊处优。所以,霍去病人生的平台好,起点高,他的一切人脉基础是在卫氏家族中打造而成的,与霍仲孺没有半点干系。卫青与霍去病虽为舅甥,情同父子,司马公为其立传时,把霍去病也算到卫氏家族支脉里,论及卫氏家族五人封侯,其中就包括霍去病的封爵。

卫氏一门显赫后,京城中有歌谣说:"生男无喜,生女无怒,独不见卫子夫霸天下?"寥寥数语,揭露了封建社会中一女得道,也能光耀门楣乃至鸡犬升天的世态世相。外戚专宠,可谓史不绝书。唐朝大诗人白居易在《长恨歌》再次就杨贵妃一家飞黄腾达进行讥讽,"姊妹弟兄皆列土,可怜光彩生门户。

---

① 《汉书·外戚传》。

遂令天下父母心，不重生男重生女。"而真正让卫氏家族在历史上扬名立万的却是汉武帝时期开始的对匈奴长达数十年的战争。也正是卫青、霍去病的先后参与，才使得这场生死大角逐开始倾向于汉朝一方，步步将猖獗霸道的匈奴逼入死角，并且给予了匈奴致命的打击，立下了赫赫战功。因此，外戚身份不过是给了卫氏家族一个机会，真正给汉帝国雪耻复仇的正是从卫氏家族走出来的"帝国双璧"，没有卫氏家族的这两个不世英雄豪杰奋马扬鞭，浴血疆场，西汉王朝反击匈奴的大业根本无从谈起。从这个意义上说，刘汉王朝应该感谢的人是卫氏家族。

第二节　瀚海大漠战云升

匈奴是聚居在北方大漠南北的一个游牧民族，逐水草而居，靠放牧牛羊为生。按照《史记》的说法，匈奴人的先祖是夏王朝的末代国王夏桀的遗民，夏的后裔淳维（又名熏育、獯鬻、荤粥）在殷商灭夏时，率领族人逃到北边蛮荒之地，以后子孙世代繁衍生息，就成了与中原王朝为敌的匈奴。由此可见，匈奴与华夏民族同出一源，都是黄帝的后裔。物竞天择，适者生存，由于生存环境的急剧改变，这些先朝移民的生活方式发生了很大的改变，逐水草牧牛羊，由农耕转向游牧。不过，在中国历史的不同时期，匈奴有着不同的称呼，民国时期的大学者王国维经过详细考证，把匈奴名称的历史演变进行了系统的探究和概括。他认为中华典籍上出现的鬼方、獯鬻、猃狁、戎、狄，都是匈奴的前身，或者同出一源。按照王国维的说法，匈奴在不同的历史时期都曾经卷入过中原王朝的政治争斗，例如商朝时期著名的王后妇好曾经率军征讨过鬼方，春秋时期戎、狄都曾经给中原王朝带来麻烦。当然，这个范围未免有些宽泛，学者们都有着不同的看法，很难得出公认的结论，使匈奴的身世云山雾罩，蒙上了一层神秘的面纱。

在匈奴崛起之前，大漠南北草原上生活着许多大小不同的氏族部落，大多以游牧为生，"时大时小，别散分离"；"各分散居溪谷，自幼军长，往往而

第一章 风云际会 名将出世

聚者百有余,然莫能相一",显然还没有形成强有力的政治组织,也没有出现强权政治核心,处于比较松散的社会结构阶段。具体说来,当时比较有名的部落有东胡部落联盟,分布在草原东南西拉木伦河①和老哈河②流域;丁零部落联盟则主要分布在贝加尔湖以西和以南色楞格河流域;后来崛起于大漠南北的匈奴部落则分布在阴山南北包括河套以南所谓"河南"(鄂尔多斯草原)一带,这是他们的龙兴之地。尽管这个地方面积不大,可是水草丰美,适宜于生存和发展,匈奴就是以这里为根据地,四处出兵,征服和整合了很多部落联盟而强大起来的。

  匈奴真正在中华典籍中留下完整记载,应该从头曼单于统治时期开始说起。头曼单于富有政治才干,在他的统治下,匈奴逐渐发展强盛起来,成为中原王朝不得不重视的一股强大的政治、军事势力。此时,匈奴地处三大政治力量的包围之中,"东胡强而月氏盛",东面受到东胡游牧民族的欺凌,西边受到月氏的掣肘,南方又面临着强大的秦王朝,所以匈奴的发展空间一直受到强邻的挤压。头曼单于的继承人叫冒顿。头曼单于虽然雄才大略,却禁不住枕边风,想改立所宠阏氏(匈奴王后)的儿子为太子,他把冒顿派往月氏为质,然后又发兵攻打月氏,企图借助月氏之手除掉冒顿。果然,月氏非常恼怒,欲杀冒顿。机警的冒顿见大事不妙,盗窃了一匹好马,日夜奔驰,逃回了匈奴。冒顿如此勇敢强壮,头曼单于觉得杀了可惜,就命令他统领万骑,至于改立太子一事准备等日后从长计议。但冒顿对他父亲的借刀杀人之计已经恨入骨髓,心中杀机顿起。他用残酷手段将所部训练成绝对服从、忠于自己的部队,然后在一次随头曼单于出猎时,发动政变,一举杀掉其父王,又诛杀了后母及异母

---

① 中国六大川之一,西辽河北源,在内蒙古自治区东部,全长380千米,水源丰富,有"塞外小三峡"的美誉。后辽国契丹族源于此。

② 处于内蒙古自治区东南部,源于河北光头山,长约426千米,与西拉木伦河汇成西辽河。

弟，除掉了异己大臣，自立为匈奴单于。这一年是公元前209年，从此开始了冒顿统治时期。这一年，南方的秦朝也发生了一件大事，一群不知名的戍卒在大泽乡死里求生，揭竿而起，瞬间把战火硝烟延烧到秦朝帝国的各个地方，这个短命帝国再也无暇他顾，冒顿遇上了好时机。

冒顿单于时期是匈奴最为辉煌的时期，他骁勇善战，足智多谋，带兵有方。他统一了匈奴各个部落后，开始对外武力扩张，首先将目标对准了东部的东胡部落。东胡部落游牧于大兴安岭以及辽河流域一线，与河西走廊一带的月氏一起对匈奴形成东西夹击之势，时常勒索匈奴，索取钱财美女。公元前209年，冒顿刚刚即位，就举兵东征，大破东胡，"灭东胡王，虏民众畜产"。东胡部落联盟迅速瓦解，残部分为两支，一支退居乌桓山，称乌桓部；一支退居鲜卑山，称鲜卑部。此后，东胡部落的地盘由匈奴左贤王掌管。

击破东胡是信史中匈奴崛起的第一战，大批东胡奴隶、附庸和牲畜、牧场成为匈奴的囊中之物，这一仗无疑激起了冒顿单于的万丈雄心，更点燃了他内心深处潜藏已久的霸权渴望。在打败东胡之后，冒顿随即分兵南下，吞了楼烦、白羊河南王之地，并攻下了蒙恬所夺的匈奴地以及汉朝的属地朝那（今宁夏固原东南）、肤施（今陕西榆林东南）等郡县。随后掉转兵锋，向北方用兵，北方及西北一带的丁零、浑庾、屈射、鬲昆、薪犁等部族先后臣服于匈奴。公元前177年，冒顿派右贤王西击月氏人，征服月氏，彻底结束了月氏的威胁，并继续向西平定楼兰、乌孙、丁零、坚昆、呼揭等国，使之成为匈奴的属国。匈奴又在北方征服浑庾、屈射、鬲昆各族。到公元前2世纪，匈奴已经成为幅员极其辽阔的"百蛮大国"，具体而言，以蒙古高原为中心，东至外兴安岭一带，向南越过长城一线，与秦汉相邻，向西以阿尔泰山为界，并征服了众多的西域国家作为附庸，向北直达贝加尔湖周边地区。

作为逐水草而居的匈奴部落之所以能够在广袤的大草原称王称霸，自然与他们的生活方式有着莫大的关系。对此，汉朝伟大的史学家司马迁曾经用生动

第一章 风云际会 名将出世

的笔触进行了描绘:"儿能骑羊,引弓射鸟鼠;少长则射狐兔;用为食。士力能毋弓,尽为甲骑。其俗,宽则随畜,因射猎禽兽为生业,急则人习战攻以侵伐,其天性也。其长兵则弓矢,短兵则刀铤。利则进,不利则退,不羞遁走。苟利所在,不知礼义。自君王以下,咸食畜肉,衣其皮革,被旃裘。壮者食肥美,老者食其余。贵壮健,贱老弱。父死,妻其后母;兄弟死,皆取其妻妻之。其俗有名不讳,而无姓字。"①

作为最权威的研究匈奴的资料,这段话向我们透露了以下几个方面的信息。一是匈奴社会中健壮为贵,老弱为贱,"壮者食肥美,老者食其余",这与华夏民族一贯倡导的尊老敬老风俗完全相悖,以至于受到中原王朝士大夫的攻击,骂其为茹毛饮血的野蛮民族。但其实与生存的严酷环境相关,在恶劣的环境条件下,必须保证强壮人口的生存机会,才有可能促进种群的繁衍壮大,由此也说明了大漠草原生活的艰辛,完全是优胜劣汰、适者生存的法则在起作用。二是父死妻其后母,兄弟死,娶其妻,生活在荒漠地带的很多少数民族都有这样的风俗,例如嫁到乌孙去的汉室公主刘细君以及嫁到匈奴的王昭君等,都遇到过这样的尴尬情事,心理难以承受。在中原王朝看来,这是违犯纲常礼教形同禽兽的行为。但是,对于死亡率极高的少数民族而言,这显然是一种极有利于尽可能扩充人口的婚俗,从而提高生育率,保持人口规模。三是匈奴将士在战场上贪利,充分发挥骑兵优势,有利则进,不利则退,进退迅速,战斗作风相当彪悍,这与其长期以来形成的劫掠作风完全一致。

尤为可怕的是匈奴民族精于骑射,在当时堪称绝技。之所以如此说,是因为:"在公元500年以前是没有马镫的。所以骑马时保持平衡完全根据经验和技巧。随着骑马时间的增长,他的大腿和膝盖对自己坐骑的行动越来越敏感,这就使他可以光用腿就能够让马匹保持全速前进。这实际是一种联合的状态,这让那

---
① 《史记·匈奴列传》。

些不能对马进行良好控制的人惊叹不已。希腊人甚至想象出了一种半人马的种族，疯狂地并史无前例地将人类与马在臀部结合在一起。"① 这种娴熟的骑马技术显然并非一日之功，而是"生活在马背上的民族"日积月累而得来的技巧。

另外，匈奴战士的射箭技术也是一流的，茫茫草原追逐狐兔，张弓射雕。射箭是游牧民族必备的生存技巧，而用在两军交锋对阵上，就成为令人闻风丧胆的杀器，"几乎所有人都惊叹草原骑手的能力，因为他们能够在全速飞驰的马上以270度或者更大的角度快速射箭，同时还能控制坐骑。他们在撤退和前进时候都一样有攻击力——他们的回马箭让追赶他们的军团有去无回。在古代，没有任何人比他们更有杀伤力了"。②

西汉初期，匈奴的势力已经非常壮大，手下有能弯弓射箭的士卒达30多万，设左右贤王二十四长，称雄于大漠南北。长期征战养成了匈奴军队特有的战术，机动灵活，善于长途奔袭，擅长诱敌深入，将敌人引诱到荒漠戈壁，直到敌人被拖垮，然后回兵掩杀，以精良的骑射功夫将敌人消灭。形势有利他们就进攻，不利就后退，不以逃跑为羞耻之事，完全是机会主义者，游击战的高手。而且在作战中抢到的财物和人口完全归己所有，所以匈奴兵相当凶悍，作战时人人争先恐后，大肆劫掠。完善的军事组织，品种优良的战马，矫健无匹的骑士，灵活机动的战术，加上独步天下的射箭技术，使匈奴军队叱咤风云，所向无敌，纵横驰骋，当者披靡，成为当时的令人闻风丧胆的兵团。

西汉帝国与匈奴初次交手的时间大概是公元前200年，当时韩王信投降匈奴，与赵利、王黄等部众时常侵扰代郡和云中郡，边境为之糜烂。汉高祖刘邦亲率32万大军征讨，一路势如破竹，大破韩王信，接着就遇上了匈奴军队。冒

---

① （美）罗伯特·L.奥康奈尔，卿劼、金马译，兵器史：由兵器科技促成的西方历史[M].海口：海南出版社，2009年，第65页。

② （美）罗伯特·L.奥康奈尔，卿劼、金马译，兵器史：由兵器科技促成的西方历史[M].海口：海南出版社，2009年，第65页。

第一章 风云际会 名将出世

顿单于假装败走，且战且退，以老弱残卒引诱汉军追击，待到汉军精疲力竭之际，冒顿单于却亲自率领40万精兵杀了个回马枪，如同铁桶一般把刘邦围困在白登山上，这就是有名的"白登之围"。当此时，只见漫天遍野都是匈奴的铁骑，西方全是白马，东方全是青骢马，北方全是黑骊马，南方全是赤黄马，形成了一个军容威盛的强大阵容。时值隆冬，天寒地冻，狂风呼啸，汉军将士肝胆俱裂，面无人色，逐鹿中原无敌手的汉军遇上了更为强大的对手。刘邦听从了谋士陈平的建议，派使者偷偷去重重贿赂单于的阏氏，并晓以利害。历史就是这么吊诡，如果陈平计谋不成，刘邦一定会死无葬身之地，匈奴从此打遍天下，再无对手，也就没有后来刘氏子弟铁马冰河入梦来，指挥千军万马向匈奴宣战复仇的故事了。可是，陈平的计谋竟然得逞，英武盖世的冒顿犯了与其父头曼一样的错误，对枕边风缺乏任何抵抗力，单于解围一角，汉高祖刘邦得以全身而退。头曼听信枕边风的后果是丧身，冒顿付出的代价则几乎是灭族。

显然，在当时的历史条件下，西汉难以与匈奴抗衡。无奈之下，汉高祖采纳了刘敬的建议，对匈奴实行"和亲政策"，以汉室宗女嫁予单于，并赠送大量的财物作为陪嫁，同时开放关市准许双方人民贸易。据记载，到汉武帝发动反击之前，西汉与匈奴和亲共有10次[①]，其中冒顿单于3次，分别是公元前200年刘邦时期，公元前192年汉惠帝刘盈时期，公元前176年汉文帝刘恒时期；老上单于时期2次，分别是公元前174年汉文帝刘恒时期，公元前162年汉文帝刘恒时期；与军臣单于和亲5次，公元前160年汉文帝刘恒时期，公元前156年汉景帝刘启时期，公元前152年2次，也是发生在汉景帝刘启时期，公元前140年汉武帝刘彻时期。这三大单于在位时期也是匈奴最强盛的时期，统治时间长达83年之久。

"和亲"是羁縻和妥协政策的产物，西汉政府意在通过汉匈姻亲关系，以

---

① 学界说法较多，有3次、5次、14次等说。

及输送大量财物，改善和缓和彼此之间的关系，使匈奴停止对汉边境的掠夺，以便争取时间休养生息，增强国力。

匈奴帝国的全盛时期从公元前209年冒顿上台执政一直到前128年军臣单于去世为止，历时80余年。对匈奴帝国而言，那是一段相当风光、相当霸气的岁月。有着强烈民族自信自尊，号称"天之骄子"的匈奴高高在上，睥睨群雄，傲视天下，不把一切放在眼里。汉高祖死后，汉惠帝即位，吕后掌权，冒顿特地寄书公然调戏吕后，信中说道："尊贵的太后陛下，我冒顿生于沼泽之地，长在草原之畔，孤独寂寞，无以自遣，所以我多次来到大汉边境，别无他意，只是希望能有机会到中原上国游览，饱览胜景，以遣心怀。目前陛下丧夫寡居，想必也是长夜漫漫，身只影单，孤独无依，寂寞难耐，我们彼此可谓惺惺相惜，同病相怜，无以自娱，还不如以己所有，易己所无，琴瑟和鸣，共修百年之好。"语气格外轻佻，言语相当无礼，可以想见吕后当时是多么恼怒。可是实力不济，吕后只能含垢忍辱，回信道："单于不忘弊邑，赐之以书，弊邑恐惧。退而自图，年老气衰，发齿堕落，行步失度，单于过听，不足以自污。弊邑无罪，宜在见赦。窃有御车二乘，马二驷，以奉常驾。"这无疑是整个大汉王朝的奇耻大辱。

然而，汉初的和亲政策并没有收到预期的效果。公主送去了，钱财送去了，气焰嚣张的匈奴哪里会把这点好处放在眼里。因此，匈奴的南下袭扰活动依然如故，有增无减，并且习惯成自然，成了匈奴贵族有组织的大规模的抢劫活动。每年秋高马肥之际，匈奴都难以按捺南下"打谷草"的冲动，毕竟在几乎没有风险的"打谷草"活动中，有组织的抢劫比什么都有吸引力。由此一来，和战之权完全由匈奴操控，想和亲就和亲，想撕破脸就撕破脸，完全掌控了战争的主动权。后世史家总结这段历史说"自吕后六年（前182年）至武帝元朔五年（前124年）卫青败匈奴右贤王子河套以北止，58年间匈奴入寇约有29次之多，平均每两年就有一次大规模的军事行动，每次都有收获。其入寇兵

第一章 风云际会 名将出世

力每次由三四万骑至20万骑不等;其入寇地区,或专掠一郡,或分掠数郡;杀戮边地人民,自太守、都尉以下,每次都是数千乃至数万。其入寇地点,涉及狄道、陇西、朝那、朔方、云中、定襄、雁门、代郡、上谷、渔阳、右北平、辽西、辽东,范围遍及汉朝北疆数千里,成为边疆一方大患"。①特别是从公元前166至前162年这四年时间里,老上单于虽已老迈,去日无多,可是"打谷草"的劲头却越来越足,越来越频繁,匈奴每年都入侵西汉边境,对边境州郡进行烧杀抢掠,代郡被杀、被掠走的边民达万余人,被抢去的牲畜无算,受害最惨。特别是汉文帝十四年(前166年)的入侵规模最大,匈奴14万军队侵入北地郡,占领了朝那、萧关(今甘肃固原东南)、彭阳(今甘肃镇原东南),烧毁了中宫(秦宫,故址在今甘肃固原),杀死了北地都尉,大量百姓以及畜产被掠走,兵锋直指长安,岐州的雍(今宝鸡凤翔)以及甘泉(今陕西淳化西北)都出现了敌人的踪迹,长安一度风声鹤唳,人心惶惶。尽管汉文帝派兵堵防,但是老上单于还是掳掠了一个多月方才退去。公元前158年冬,军臣单于刚刚即位,就对汉帝国发动战争。他出动6万大军,兵分两路,分别对上郡和云中郡进行大规模的骚扰,匈奴官兵在西汉边郡闹腾了一个多月才退兵,可谓肆无忌惮。这边边境硝烟未息,血迹尚未擦干,颇具讽刺意味的"和亲"又开始了,公元前156年、前155年、前152年西汉又送去了3位公主。《汉书·晁错传》云:"汉兴以来,胡虏数入边地,小入则小利,大入则大利。"

更要命的是,匈奴还招降纳叛,勾结拉拢西汉叛将,引兵侵扰汉朝边地。公元前197年9月,代相陈豨结匈奴自立为代王。公元前195年3月,燕王卢绾率其党数千人降匈奴,被封为东胡卢王。卢绾经常在边境骚扰,上谷郡以东从此鸡犬不宁。匈奴与西汉内地反对中央政权的势力相勾结,里应外合,试图从西汉腹心地带来个中心开花。公元前177年5月,匈奴右贤王越过黄河,在河套

---

① 陈晓鸣:《两汉北部边防若干问题之比较》,《中国边疆史地研究》2002年03期。

（今内蒙古一带）一带纵马横行，其势直逼秦晋两地的塞南地界，如不及时采取措施，将会威胁长安政权。一时之间，汉朝上下为之震恐。济北王刘兴居趁机造反，刘恒立即回长安调兵遣将，派棘蒲侯柴武前去镇压。不久后，刘兴居兵败遭俘，自杀而亡。公元前154年正月，吴、楚等诸侯国打出"诛晁错、清君侧"的口号，发动七国叛乱，匈奴借此机会准备同赵国联合，入侵西汉边塞。由于汉王朝反应迅速，很快铲平了叛乱，使匈奴的袭扰行动自行终止。

汉高祖当年回到家乡，面对父老，纵酒高歌，歌罢潸然泪下，"安得猛士兮守四方"的唱词道出了一代豪杰面对困境四顾无人分忧的心绪。国难思良将，这就是卫青、霍去病生活的时代背景。

第三节 卧薪尝胆战备忙

在匈奴的淫威下屈辱了60多年的西汉王朝，历经开国皇帝刘邦、刘盈、吕后以及汉文帝、汉景帝，一直采用和亲政策，给匈奴送美女，送金钱，送物资，即便是匈奴偶尔到边关杀人越货，历代统治者也往往以口水战为主，责备匈奴政权背信弃义，偶尔也会出动军队装装样子，而后继续给人家上供，用韬光养晦的策略来赢得战略缓冲时间，发展经济，整合内部，训练军队，储备粮草，修整装备。必要的妥协是为了日后的反击，但若是一味韬光养晦下去，大汉王朝的辉煌历史恐怕就要改写了。

打仗打的是钱，拼的是经济。所以，西汉王朝最先做的工作是发展经济，增强国家实力。西汉初年，由于秦王朝的残暴统治和楚汉相争带来的连年战乱，经济萧条，财政匮乏，人口大量减少，社会经济遭到了极为严重的破坏。据史料记载，"汉兴，接秦之敝，诸侯并起，民失作业，而大饥馑。凡米石五千，人相食，死者过半。高祖乃令民得卖子，就食蜀汉。天下即定，民亡盖臧，自天子不能具醇驷，而将相或乘牛车"。国库空虚，货缺财乏，一片荒凉残破的景象，社会经济急待恢复和发展。

西汉统治者注意吸取秦亡的教训，主张"反秦之弊，与民休息"。自刘邦开始，历经孝惠、吕后、文景，实行"无为而治"，"与民休息"，不兴工

大汉战神：霍去病传

役，不伤农时，使农民安心劳作，发展农业生产。刘邦在统一战争刚刚结束，就将军队复员，回归农业，同时释放奴婢，命令流亡的人口返乡归农，增加农业人口的数量。设立"力田"官以劝农，每年春耕时，他们亲自下地耕作，给百姓做榜样，把务劝农桑、人口增加、土地开垦与否作为地方官吏考核的指标；政府还给贫困农民发放农具、种子，帮助他们恢复生产；废除秦朝的暴政，采取轻徭薄赋的政策，汉文帝两次"除田租税之半"，将十五税一改为三十税一，从汉文帝十三年开始，政府连续免除全国田赋长达11年，这在封建社会是绝无仅有的；实行贵粟政策，提高农产品尤其是粮食的价格，以增加农民收入；允许百姓入粟拜爵，入粟赎罪，一方面政府得以筹备粮食，另一方面也调动了农民种粮的积极性；将一年服一个月的徭役改为三年服一月，使农民安心生产。同时采取重农抑商的政策，对商人实行抑制政策，禁止他们穿绸缎乘马车，并加倍征收他们的赋税。奖励生育，规定女子年满15岁就必须出嫁，否则就要向政府交纳赋税。通过上述措施，迅速医治了战争创伤，农业生产得到恢复和发展，人口也得到恢复和增长，经济一片繁荣。司马迁在《史记·律书》中毫不掩饰地称赞说："百姓无内外之徭，得息肩于田亩，天下殷富，粟至十余钱，鸣鸡吠狗，烟火万里，可谓和乐者乎！"农业的发展，使粮价大大降低，史载汉文帝时每石"粟至十余钱"，物价很低。到了汉武帝即位之时，"国家亡事，非遇水旱，则民人给家足，都鄙廪庾尽满，而府库余财，京师之钱累百巨万，贯朽而不可校。太仓之粟陈陈相因，充溢露积

茂陵博物馆展出的汉代陶动物一组（犬、鬼、鸡、鸭）
于博文　摄影

于外,腐败不可食。"海内富庶,国力强盛,为汉武帝的文治武功打下了坚实的经济基础。

政治上加强中央集权,整合内部,强化中央权威,强化政治凝聚力。主要精力放在了逐步分化诸侯王的势力上。汉初共有异姓王7人,刘邦总结了秦朝灭亡的历史教训,认为教训之一是没有分封同姓子弟为王,缺乏拱卫中央的羽翼,而异姓王的存在则是心腹大患,因此他着手消灭在楚汉相争时期不得已而分封的异姓诸侯王,先后清除了韩信、彭越、黥布等诸侯王,同时又陆续分封了9个刘氏宗室子弟为诸侯王,给以封地和采邑,并与群臣杀白马为誓,共立非刘姓不王的誓约。汉初的同姓诸侯国,土地辽阔,户口众多,通常占三四郡,多则六七郡,少则一二郡,占地二十余郡,相当于当时西汉疆域一半,天子仅占十五郡,汉初全国人口大约有1300万,而属于诸侯王国的就有850多万,占一半以上,以后随着人口繁衍,占有比例更大。当时诸侯王的地位仅次于皇帝,在封国内独揽大权。诸侯国拥有强大的武装,由诸侯王随意调遣。此外,诸侯国还自行征收赋税、铸造钱币,成为名副其实的独立王国,为后世诸侯王势力坐大,以至于可以和中央政府进行武力对抗埋下了伏笔。

汉文帝继位后,为加强自己的地位,采用贾谊"众建诸侯而少其力"[1]的策略,把一些举足轻重的大诸侯国析为几个小国,企图削弱诸侯王的势力。但是,诸侯王对中央的威胁并没有得到彻底解决。汉文帝三年,济北王刘兴居叛乱,首开王国武装反抗中央政府之先例。汉文帝派兵镇压,叛军顷刻瓦解,刘兴居被俘后自杀。过了几年,领有三郡的淮南王刘长又打起了叛旗,甚至派人联络匈奴、闽越地方势力一同举事。但叛乱尚未发动,即被人告发。汉文帝马上派人将刘长押送入京,念及手足之情,汉文帝并没有怎么为难他,只是削去刘长的封号,然后发配蜀郡。性情刚烈的刘长在途中绝食而死。两起叛乱虽被

---

[1] 《汉书·贾谊传》。

大汉战神：霍去病传

平息了，但汉初诸侯王势力已经呈现出恶性发展的趋势，实际上已成为对抗中央政府的分裂势力。

汉景帝继位后，中央专制皇权与地方王国势力的矛盾日益激化。汉景帝采纳了晁错"削藩"主张，强干弱枝。汉景帝三年楚王刘戊违犯汉朝丧制礼仪，被罚削去东海一郡；赵王有罪，被削去河间郡；胶西王私卖官爵，被削去了6县。中央政府连续几个动作引起诸侯王的反感和警惕，激起了以吴王刘濞为首的一些诸侯王的强烈反对。刘濞打出"请诛晁错，以清君侧"的旗号，起兵广陵（今江苏扬州），串通胶西王、楚王、赵王、济南王、淄川王、胶东王等举兵叛乱，形成东方诸王"合纵"对抗中央政府的格局，声势浩大。汉景帝为了平息纷争，杀掉了主张削藩的晁错，可是七国依然不罢休。汉景帝派太尉周亚夫率36位将军前往平叛，经过3个月的战斗，七国之乱遂被完全平定。随后，中央政府进行了政治清算，参加叛乱的七国，除了保留楚国另立楚王外，其余六国包括王号、封地全部被废除，成为中央政府的直辖地。这样一来，中央政府控制的地盘由汉高祖时的15郡增加至44郡，诸侯王国下辖的郡则锐减到26郡，中央直辖郡总数超过诸侯王国郡数，从而扭转了长期以来在人口以及土地上处于劣势地位的局面。中央政府趁着战胜七国之余威，趁热打铁，对诸侯国进行政治上的阉割，规定诸侯王不再拥有治民之权，不得过问诸侯封国的军政事务，只能在封国内按照数额收取租税。诸侯王强大难治的局面大为改观，巩固了中央集权的统治。

诸侯王的势力受到很大的削弱，但是瘦死的骆驼比马大，诸侯王长期以来形成的政治惯性难以立即终止。到汉武帝初年，一些大国仍然连城数十，地方千里，诸侯王骄奢淫逸，阻众抗命，威胁着中央集权的巩固。攘外必先安内，统一方能御侮。因此，大臣主父偃上书，提出了"推恩令"，其核心内容是建议各个诸侯推及私恩，分封其所有子弟为列侯。这一建议既迎合了汉武帝巩固专制主义中央集权的需要，又避免激起诸侯王武装反抗的可能，因此立即为汉

第一章 风云际会 名将出世

武帝所采纳。于是，汉武帝颁布推恩令，允许诸侯王把封地分为几部分传给庶子，从而改变了诸侯王只能把封地和爵位传给嫡长子的规定。推恩令下达后，诸侯王的支庶子孙也可以受封为列侯，可以得到一定份额的土地作为食邑，这样一来，诸侯国因为庶子分封，被分为大小不等的侯国。侯国隶属于郡，地位与县相当。因此，王国析为侯国，就是王国的缩小和朝廷直辖土地的扩大，从此"大国不过十余城，小侯不过十余里"，从而导致使每个封国的面积都化整为零，势力大为削弱，再也无法与中央朝廷抗衡。贵族家庭多子多孙，祖宗风光无限，但随着人口的繁衍，子孙的社会地位由贵到贱不断分化，诸侯王宗族中支脉疏远的人，越往后越贱，有的无可分封，逐渐沦为普通百姓。如刘备是中山靖王刘胜的后代，只能靠织席贩履为生，已经沉沦到社会最底层了。这样，危害西汉数十年的诸侯之祸终于得到彻底解决。

元狩年间发生了淮南王刘安和衡山王刘赐谋反的事件。刘安是老淮南王刘长的儿子，却不接受教训，可谓利令智昏。汉武帝利用该案，对诸侯王继续进行政治清算，颁布了《左官律》和《附益之法》，规定为诸侯王服务的职官为"左官"，等级要比为中央政府服务的官员低下，以此控制西汉的人才流向，使诸侯王无可用之人。同时严格限制士人和诸侯交往，严禁朝臣向诸侯王示好，进行政治投机。此后，各地诸侯只能衣食租税，不得参与政事，也无权处理诸侯国内的军政事务。

抑制豪强富商，铲除地方势力。随着社会经济的恢复和发展，商业也进一步繁荣起来，很多商人利用政府"弛山泽之禁"的政策，开矿煮盐，

茂陵博物馆展出的四神温酒器、铜温手炉及承盘、温酒器　刘　宏　摄影

获得暴利,从而豪强巨商一天天膨胀起来,他们与拥有政治优势的军功集团以及桀骜不驯的世家大族成为人人为之侧目的三股势力。这些豪富拥有大量社会财富,家中奴婢成群,养尊处优,过着花天酒地的侈靡生活,败坏社会风气;同时利用政治和经济地位的优势,疯狂兼并土地,使数量众多的自耕农破产流亡,造成社会秩序的动荡和阶级矛盾的尖锐。汉文景采取了一些抑制豪强的措施:如移风易俗,提倡节俭,反对豪强淫侈之风;禁止豪强私自铸钱;加强储备以防灾荒等。汉景帝在打击豪强方面,采取了更加严厉的措施,特别是重用郅都、王温舒、严延年、宁成等所谓的酷吏,痛诛不法豪强,史书上说"流血十余里","余皆股栗","豪强屏息,威震旁郡"。经过多年的整治,地方豪强势力被大大削弱,中央政府空前强大,政治威信空前提高。

加强军队建设,做好战争准备。军队是实现统治者意志的工具,军事是贯彻意志的手段。与强敌对垒,必须靠实力说话,而军队则是实力最重要的表现形式。文景时期,为了巩固边防,采取"徙民实边"策略,在燕地、代郡,上郡、北地、陇西等边郡的要害之处,根据山川走势,在险要之处设立城邑,修建房屋,然后广泛招募庶民、罪犯到边疆充实边防,屯田戍边。"人情非有匹敌,不能久安其处。塞下之民,禄利不厚,不可使久居危难之地。"为了鼓励民众前往边疆,凡是去戍边的罪犯可以

茂陵博物馆展出的汉代铜蒜头壶
刘 宏 摄影

免罪,平民则可以赐以爵位。戍边民众实行耕战结合,开始时由政府为其提供衣食,直到其能自给为止,使其能够久安其处。戍边之人配偶死去,由政府出钱使其再婚,以快速增加边疆人口。边民因匈奴入侵造成财产或者生命损失,由官府予以补偿。边民若从入侵匈

茂陵博物馆展出的汉代彩陶动物(麂、牛)
于博文　摄影

奴手中夺得所掠财物,奖其一半归其所有,以形成强悍勇武的风气。同时,鼓励内地商贾输粟到边关,为将来的战争储备物资。①这样一来,不但使边疆人烟广袤,而且养成了边疆百姓勇敢彪悍的风气,成为汉军重要的兵源地。武帝时期,由于从匈奴手中夺取了大量的土地,移民实边的规模更大,措施更为得力,使边远旷土成为田连阡陌、牛羊成群、人烟辐辏的边城大邑。

其次,改革兵制,积极扩军备战,建立了强大的骑兵集团。汉武帝之前,汉朝军队兵种主要有步兵、骑兵、车兵和水军。与匈奴开战,匈奴骑兵来如飞鸟,去如绝弦,靠中原传统的步兵和战车配合作战的方式难以奏效,因为笨重的战车只宜在较为平坦的地方作战,在复杂的地形中运转十分不便,步卒对付奔驰迅猛、机动灵活的骑兵也束手无策。只有学习匈奴的长处,以快对快,以骑兵对抗骑兵,才能与强敌交手,彻底改变被动挨打的局面。汉武帝继位后,加强骑兵的建设与使用,花了大力气建设骑兵。第一,为了从根本上改变汉匈的军力对比,西汉自建国以来就积极推广养马业,将马政作为国策大政来看待。由政府出面,利用国家的力量养殖马匹,陆续开办了数十个大型军马场,

---

① 《汉书·晁错传》《守边劝农疏》。

大汉战神：霍去病传

"太仆牧师诸苑三十六所，分布北边、西边、以郎为苑监，官奴婢三万人，分养马三十万头"。这还是汉文帝时期的记载。汉武帝时期，进一步改良品种，大量养殖良马，使养马规模和质量更上一层楼。为了调动民间养马的积极性，拓宽军马来源的渠道，政府也鼓励和支持民间养马。百姓向国家提供良马一匹，可以免除3人一年赋税与劳役。另外，政府还给边民免费提供母马，"令民得畜牧边县，官假马母，三岁而归，及息什一"。一匹母马3年中可繁殖2匹马驹，假如一个农户借得3匹母马，则3年可得6匹小马，上交国家1匹，自己可得5匹，以此类推，养马越多，获利越多。因此，这个政策激发了边民养马的热情。汉武帝本人特别喜欢马，对于千里马尤其喜欢，因此到处用重金搜罗优良马种，改善军马的质量，颁布法令禁止马匹出关流入匈奴等措施，使整个西汉存马数量大为增加。汉武帝即位初期，官办的三十六苑保有的马匹数量已经达到40万匹之多了，而民间的马也遍布街区，"众庶街巷有马，阡陌之间成群，乘牝者摈而不得与聚会"，这与汉朝初年"天子不能具醇驷，而将相或乘牛车"是一个多么巨大的反差。养马业的繁盛奠定了建设大骑兵集团的基础。按照一个骑兵配备3匹战马的标准，汉武帝已经可以建立起一支由10万至15万骑兵的强大军队，这就是汉武帝敢跟匈奴军事摊牌的本钱和底气。

第三，培养指挥马军的将领，创置了北军八校尉，其中四校尉都是为建设骑兵而置，同时进行军队编制体制改革。汉武帝开始扩建南军与北军，在北军中增设八校尉等骑兵编制，在南军中增设期门、羽林二军，在此基础上，汉武帝时组建了以骑兵为

茂陵博物馆展出的汉代彩陶马　刘宏　摄影

第一章 风云际会 名将出世

主,车兵和步兵为辅的新式汉军。这是秦朝以来军队军制的重大变革,汉武帝时期是中国军制史上由车骑并用向以骑兵为作战主体这一重大转折得以完成的重要阶段。西汉骑兵的编制按照部曲制组织,"将军领军皆有部曲"。往下设有"部"(一般设五部),每部设部校尉一人(或设骑都尉、军司马)统领,校尉是次于将军的中级将领;部下设有骑千人(或军侯)统领的"曲",每曲大约有400名骑兵。再下面设有"骑五百",率领200名骑兵。其下依次为骑卒长,率领百名骑兵,骑士吏率领50名骑兵,骑什长率领10名骑兵,最小的单位骑长可以率5名骑兵,从而形成了上下如一,命令贯通、纪律严整的指挥体制。在作战时,全军可以根据编制列成横队、纵队、方队、雁行等各种队形,随时变换阵式,从编制体制上超过了当时还是各自为战,胜则骄,败则溃,"逐利如鸟集,因败如云散"的匈奴骑兵。

第四,学习匈奴军队的技术和战术。在盘马弯弓方面,汉军与对手相比,有很大的差距。一个箭法高超的匈奴兵可以对付几十个汉兵。汉景帝时期,李广为上郡太守,匈奴入侵上郡(郡治肤施,今陕西榆林东南鱼河堡),汉景帝派一个宦官同李广统率和训练军队抗击匈奴。有一次,宦官带几十个骑兵出猎,路遇3名匈奴人骑士,宦官命令汉军骑兵进行包抄,试图活捉他们。结果3个匈奴人以一当十,箭无虚发,不慌不忙地把宦官的所有随从卫士一一射杀干净,连宦官也带伤而逃,可见双方之间战斗素养的差距有多大。为彻底改变汉军骑射不如匈奴的状况,政府扩建骑兵,选拔了许多精通骑射的官僚地主子弟,担任宫廷侍卫,作为重点培养,还重金雇用了大批擅长骑射的匈奴人做教官,积极从匈奴那里学习先进的骑兵突击战术,霍去病就是其培养出的杰出人才。

认真研究对手的战术,并且学以致用,才能战胜敌人。汉文帝时期,晁错就曾针对汉匈双方的军事特点做过一番分析和研究,并向汉文帝上了《言兵事疏》,指出匈奴军有三个长处:一是匈奴的马匹品种优良,灵活矫健,上山下

大汉战神：霍去病传

阪，出溪入涧，如履平地，来去如风，行动自如；二是匈奴人的骑术、射术精湛，在马上飞挪腾跃，如同平地，甚至可以在马匹腾跃中弯弓射箭，保持攻击状态，射杀活动目标；三是匈奴人悍猛善战，意志顽强，不惧风雨，不畏饥困，可以连续数日保持作战状态。这些都是汉军所不及的。汉军与对手相比，则有五个长处：一是汉军兵种齐全，轻车突骑适合在平原作战；二是汉军的劲弩长戟在两军肉搏时杀伤力大，攻击力强；三是汉军兵器长短相杂，长短配合，所向无敌；四是汉军有材官施射战术，可以有组织地组织齐射，箭如飞蝗，发挥群体优势，射杀敌军将领等显要目标；五是下马格斗，剑戟相接，汉军的戟可以砍，可以刺，战斗力更强。晁错对匈奴的分析应该是准确的，然而汉军固然有这些长处，可是战场环境变了，作战对手变了，面对往来如风的对手，汉军的长枪大戟基本上没有用武之地，战场上很少出现贴身肉搏的地面战，基本上是马上交锋定输赢。作战必须以快对快，敌进我进，快速机动，长途奔袭，才能出奇制胜，致敌死命。而战役战术是在对匈作战过程中逐步摸索出来的，卫青、霍去病从战争学习战争，采取了全新的战术，大规模使用骑兵集团，深入敌后，长驱直入，勇猛突击，进行了作战方式的重大变革，才争取了战略上的主动，赢得了对匈战争的完胜。汉武帝时期是中国军制史上由车骑并用向以骑兵为作战主体这一重大转折得以完成的重要阶段，而卫青和霍去病则是把骑兵战术发挥到出神入化的人物。

第五，汉武帝不拘成法，大胆起用一些勇猛而进取心强的将领，陆续清除一些思想僵硬保守的军事将领。几十年

茂陵博物馆展出的汉代鎏金铜马　刘宏　摄影

第一章 风云际会 名将出世

的消极防御养成了汉军精于防守拙于进攻的习惯，汉军将领战术呆板保守，缺乏进取心。一些老臣宿将，如韩安国、程不识、李广等，虽然英勇敢战，令匈奴闻风丧胆，但由于多年来消极防御战略思想的影响，他们无法摆脱守边、堵击等防御战法的束缚，不敢脱离城池与匈奴进行野战，从而不能担负起指挥骑兵集团在荒漠草原地区进行大规模机动作战的重任。如公元前166年冬天，老上单于率14万大军侵入汉地，汉文帝征发大军迎敌，苦战一个月，老上单于方退出塞外，而汉军将敌军逐出塞后就撤军归回建制，不再进行战场追击，使匈奴有恃无恐，从不担心后路。再如公元前133年的马邑之谋，尽管匈奴军队识破了汉军计谋而迅速撤退，而30万汉军竟没有一个将领主动率军追击，眼睁睁看着敌军安然撤退。这样的将领显然不能担当起汉武帝讨伐匈奴的历史重任。这也是汉武帝破格用人的原因，卫青、霍去病就是在这样的情况下脱颖而出建功立业的。

第六，汉武帝对有功将领重赏，对失误和败军之将重罚，目的在于促使军队形成勇武好战的风气。没有习武之风的熏陶，没有剽悍勇烈的氛围，没有血性好战的作风，没有终日驰马弋猎的训练基础，是难以造就一支驰骋沙场有赳赳雄风的骑兵队伍的。重赏之下必有勇夫，高官厚禄才能激励军心。军功奖励制度早在商鞅变法时实行，而到了汉代，刘邦更是确立了"无功不得侯"的祖制。在建国之初，刘邦大封功臣，封了145个列侯。对这些功臣按功劳大小授予不同的食邑，功劳最大的封万户，号称"万户侯"；等而下之，则有几千户不等，最小的食邑五六百户。这些功臣可以对在自己分封范围内的农户收取租税，占有其劳动成果，而且侯爵可以传之子孙，成为依靠剥削为生的新地主阶层，也是新王朝维持统治的政治基础。刘邦还与他的这些功臣们剖符、立誓，誓词是："使河如带，泰山若厉，国以永宁，爰及苗裔。"意思是说，即便宽阔浩瀚的黄河变成一条带子那么窄，巍峨高耸的泰山只剩下磨刀石那么薄，山河改容，沧海桑田，封国还是永远不变，子孙后代可以享用不尽，世袭罔替。

这是刘邦对王侯大臣们的承诺。

汉武帝则把"无功不得侯"的祖制发挥到了极致，有的一战就可以封侯，有的一战就可能失去所有，目的就是鼓励汉军将士勇猛杀敌，我们从而理解霍去病为何初次作战就封为冠军侯，这并非汉武帝对其偏爱所致，而是他鼓励将士英勇顽强的用心所在，毕竟汉军太需要这样的作风了。而没有战功，即便参加多次战争的老将，也与封侯无缘，李广即是一例。他长年在边境与匈奴作战，很多部下都因战功而封侯，甚至才华远不如他的堂弟李蔡都当上了丞相，而李广就是与封侯无缘。"李广难封"不仅成为当事人的心结，也成为怀才不遇的文人骚客们排解心曲的题材，其根本原因在于李广没有建立不世之功。

西汉从汉武帝开始，兼行募兵制。募兵制相对比较灵活，使政府可以根据战争的需要随时扩大军队规模，保持军队战斗力。同时，募兵制可以选募身体壮实、胆量大、战斗技能出色的人从军，特别是可以选募熟悉匈奴情况的边郡人民当兵。因此，出现了盛产士兵的大郡，钱文子《补汉兵志》里说道："大抵金城、天水、陇西、安定、北地、河东、上党、上郡多骑士，皆逼近戎狄，修习战备，高上气力，以射猎为先。"这些都是兵源大郡，是西汉盛产骑兵的摇篮，也是汉武帝大军最重要的出产之地。在国家进行战争动员之时，名利诱惑之下，边郡子弟纷纷从戎，赫赫有名的李广（陇西成纪人）、赵充国（陇西上邽人，今甘肃省天水市）、公孙敖、赵破奴都是边郡子弟出身。后来，西汉政府甚至重金招募匈奴人来投军，组成了规模不等的"胡骑"。霍去病军中就有许多匈奴勇士，有些人还因战功得到封侯之赏。

最后，加强西北边郡军事力量建设。西汉极为重视北部边郡的军事力量建设。"二千石治之，咸以兵马为务"，边郡太守级别很高，与九卿同列，而且边郡地方长官都以兵、马为主要政务，上马管军，下马管民，军事优先于民政，生存第一，因此边郡太守往往由拥有丰富军事经验的官员充当。同时，边郡除太守设置幕府，以长史佐辅领兵外，在各要塞，往往置若干部都尉、千

第一章 风云际会 名将出世

人、司马等,都是专职的军事官员,具体负责各屯区的军事安全。西汉北部边郡共设有55个部都尉,平均每郡2.5个,为的是避免因军事主官死亡而导致群龙无首的情况出现。[①]所以,西汉边郡拥有一支具有相当实力的常备军,应对匈奴的军事行动。当时全国的地方兵,占整个国家军队的比例最多,规模最为庞大。地方兵的兵源一般来自本郡的戍卒,但边兵由于肩负国防重任,还有一部分来自内地征调的戍卒。地方兵的吏卒主要由各郡(国)地方长官太守统率,实际上应该算是西汉的边防部队。"边郡太守各将万骑,行障塞烽火追虏",西汉边境常年保持十几万精兵的规模,分散驻守在边关各郡,部队主要职责是明确的,即进行军事震慑和对敌防御作战。

经过数十年休养生息的西汉王朝,逐渐形成了政治安定、经济繁荣、国力雄厚的强盛国势。也正是这种历史条件,使卫青、霍去病等一代英才俊杰,得以施展宏图,建功立业。

---

① 《后汉书》卷二八《地理志》。

第二章

双雄对决　各有胜负

时势造英雄，英雄创时势。汉武帝不愧是有为之君，他亲手拉开了向匈奴开战的序幕，决心向匈奴复仇。可是这场"大剧"能否成功，还要看台上的"演员"表现如何。而率先登台亮相的卫青既不是将门虎子，也没有饱读兵书战策，却在龙城一战中惊艳亮相，表现不俗，开创了"长途奔袭"的新战法，很快成为大汉帝国军事人才库里面的台柱子，随后的收复河南地之战，再次检验了自己的实力，打消了所有人的疑虑，在霍去病出场之前，他是汉军中的灵魂，无可争议的主角。

第一节　马邑之谋启战端

霍去病的孩童时代正是西汉与匈奴杀得难分难解、你死我活的时代,边关大漠,到处烽烟四起,刀兵纵横,胡笳互动,摄人心魄。

对自汉初以来匈奴屡犯汉边,西汉王朝一忍再忍,韬光养晦,这不是不报,而是时候未到,到了汉武帝,终于到了还以颜色的时候了。大汉王朝由"无为而治"终于转向"有为进取",在军事上,被动防御也随即转变为主动出击。元光二年(前133年)的马邑之谋,结束了西汉自立国以来对匈奴被动退让的和亲政策,同时也拉开了汉匈全面战争的序幕,直到最后把战火烧到草原腹地大漠深处,令大漠雄鹰在辽阔无边的草原中找不到栖身之地,立锥之所。

公元前133年6月的一天,军臣单于率领10万大军浩浩荡荡穿过武州(今山西左云)要塞,进入了朔州盆地。在汉帝国的行政版图上,武州要塞以北直到阴山长城一线,都应该属于雁门郡管辖,但是这块在秦朝时期曾经归属于中原王朝的土地并不能为汉朝所完全掌控。长期以来,匈奴一直马踏长城,深入内地掳掠,雁门郡则首当其冲,是匈奴掠夺的重灾区。武州要塞位于武州山与管涔山之间的一块平缓的丘陵地带,武州山南麓有一条河叫作武州川。为了把控这块形胜之地,汉帝国在武州川上游以北,匈奴南下之道处修建了武州城,并以此为基础设立了"武州县"。武州县作为军事重地,拱卫着朔州盆地,成为

第二章 双雄对决 各有胜负

一个天然的地理屏障。

匈奴的这次军事行动像往常一样,是到西汉的辖区去"打谷草",也就是有组织的抢劫,只不过这次人马出动比以往的多数行动要多,而且军臣单于亲自出马。大军的目的地是西汉的马邑县城(今山西朔州),攻击马邑县城对于匈奴军队而言,易如反掌,因为他们在马邑城里早安排好内应,只等大军一到,城中内应就会杀掉县令,把头颅悬挂到城墙上,并打开城门,马邑城里所有的钱财、粮食、牛马以及人口都会成为匈奴的囊中之物。看来,匈奴人这次又要发一笔横财了。

匈奴军队这次有备而来,是源自马邑一个名叫聂壹①的大商人的密报。聂壹长年往来汉匈两国边境,做着互通有无的大买卖,家资豪富。聂壹在一次出塞经商时,专门拜见了军臣单于,说他可以派人杀掉马邑县令,举城而降,匈奴可以不费吹灰之力得到马邑的牲畜、财物以及人口。马邑位于雁门郡南部,是重要的产马地,也是马匹交易的集散地,商业发达,广有钱财。但是这样大的事,单凭聂壹是办不到的,马邑地处武州要塞以南,汉军要塞林立,边军纵横,匈奴一定要派大军前来接应,以防汉兵截击,事情方能成功。这无疑是一笔横财从天而降,军臣单于听了大喜过望,于是亲率10万大军进入武州要塞,并派使者随聂壹先入马邑,等斩杀马邑县令后进兵。为了拉战利品,单于还组织了3万人的辎重部队,赶着大车,跟在大军后面。

同以往的行动一样,汉军龟缩在武州要塞里,坚守不出。所以,军臣单于大军的行动很顺利,大军沿着一条叫作"源子河"的桑干河支流南下,兵不血刃就进入了朔州盆地,离目的地马邑只有100多里了。以匈奴骑兵的迅捷以及急于发财的迫切的心情来看,他们再有一个时辰就可以跑完这段路程,抵达马邑

---

① 西汉人物,今山西朔州人,"马邑之谋"重要人物,后因马邑之败,避怨改姓张,据传汉末名将张辽为其后代。

城下。而当匈奴主力进入朔州盆地之后，他们用来拉战利品的辎重部队还在武州塞北，比骑兵要慢得多。

随着大军在朔州盆地的行进，一切似乎顺利得出奇，军臣单于的内心却越来越不安。朔州盆地水草丰茂，到处都是散放的牛羊，可是周围却连一个放牧人的影子也找不到，而且也找不到一个当地居民，久经战阵的军臣单于感觉不正常，他马上命令大军停止行动，然后命令一支军队向汉军守卫的一处堡垒发动进攻，很快这个小堡垒就被攻占，守卫小堡垒的亭尉被活捉，带到了单于的面前，随着亭尉的招供，汉军的惊天计划大白于天下。

原来，这是汉军精心布置的一个诱敌深入并关门打狗的计划。计划的提出者是时任大行令（主管边疆部族和邦交的官员）的王恢，王恢是坚决主张与匈奴开战的朝廷官员。在汉武帝即位之初，匈奴提出和亲，王恢就主张中断和亲，与匈奴展开军事较量，一雪前耻。虽然终止和亲的提议被否决，可是随后不久，前面提到的马邑商人聂壹找到王恢献计，提议以献城为名，将匈奴引进马邑，然后汉军将其包围，截断他们的后路，活捉单于，一举歼灭。王恢很快将这个计划上报汉武帝。

对当时汉朝的大多数朝廷官员而言，这是一个骇人听闻的计划，毕竟在匈奴的淫威下，西汉王朝苟且偷安了几十年，一旦挑起兵端，多年来维系两国的基石将不复存在，势必进入了你死我活的全面战争，腥风血雨随之来临，这是拿着整个国家的命运在赌博啊！所以，当汉武帝将这个计划交给大臣讨论时，整个朝廷好像炸开了锅。御史大夫韩安国曾经长年在边境带兵，与匈奴交手多年，深知匈奴军队的厉害，他坚决反对王恢的提议，他说以汉高祖之英武圣明，尚且被匈奴围平城达七日之久，目前汉军难以与之争锋；何况兵马一动，天下骚动，胜负难料，战端一开，兵连祸结，汉朝边郡将永无宁日，万万不可轻率出兵。王恢则认为，人必自辱，然后人辱之，汉朝不出兵则永无出头之日。双方舌枪唇剑，各不相让。最后还是汉武帝拍板发话：出兵！

第二章 双雄对决 各有胜负

为了打好第一仗,汉武帝与大臣们绞尽脑汁,彻夜讨论,经过连续多日的商讨,一个诱敌歼灭战的计划出笼了。

元光二年(前133年)农历六月,汉武帝调遣精兵32万,命令护军将军韩安国(主帅,统辖诸将)、骁骑将军李广、轻车将军公孙贺率主力部队埋伏在马邑附近的山谷中,四周大山连绵,一旦匈奴大军进入马邑所在的朔州盆地,那些埋伏于周边山谷的汉军中的一支,立即封堵住谷口,切断匈奴人的归路,其他方向的伏兵四起,刀枪林立,从而形成关门打狗之势,单于及其10万匈奴骑兵将要面对的,将是一个被重兵重重包围的局面。匈奴军队无路可逃,就会成为瓮中之鳖,插翅难逃,朔州盆地自然会成为埋葬匈奴的天然墓葬场。即便有漏网之鱼,原先龟缩在武州要塞的汉军立即刀枪出鞘,堵住他们回家的道路,将其完全歼灭在河谷地带。另外,汉武帝还派将屯将军王恢与材官将军李息率3万多人出高柳城(当时代郡所控的最北部,今山西阳高),准备从侧翼截击匈奴的后续辎重部队,3万精壮的汉军对付由老弱组成的匈奴辎重部队绰绰有余,无须费多大的气力。可见这个歼敌计划胃口很大,如果成功,那么连同军臣单于在内的匈奴生力军就会被一网打尽。

这个眼看就要改写历史的战争剧本没有演下去,半途而废,是因为该计划百密一疏,没有预料到当地的百姓会逃亡一空。汉军要把这里作为战场,数十万大军的调动想隐藏行迹是不可能的,为了避免受到战争摧残,当地百姓抛家舍业,全部逃到周围山上躲避,家养的牛羊无人放牧,散漫山

茂陵博物馆展出的汉代铜龟负螺山(后)、错金银铜虎镇(前左)、鎏金铜虎镇(前右) 于博文 摄影

野，而且周围村寨十室九空，自然会引起匈奴军队的怀疑。于是，才有了匈奴军队围攻汉军堡垒以探求信息的举动。这时匈奴军队离汉军的包围圈只有不到百里的行程了。

等到军臣单于听完汉军亭尉的供词，倒吸了一口冷气。大惊之后继而大喜，说道："我得到亭尉，不上汉天子的当，真是上天所赐"。于是随口封亭尉为"天王"，下令立即撤军。

王恢、李息率领的大军已出代郡的高柳城，准备袭击匈奴的辎重部队。结果却得到匈奴主力退兵的消息，都感到非常惊讶。这时的3万汉军是唯一处于运动状态的军队，而且正处于匈奴主力撤军的必经之路，如果这时率领自己的3万大军迎击，无疑是自寻死路。王恢自思自己的军队敌不过匈奴大军，不敢冒险出击，眼睁睁地看着匈奴军队撤走，最后只好与李息引兵退还。韩安国、李广等人率领的大军主力分驻马邑境内埋伏，等候敌人到来，结果一连几天不见敌人的踪迹。后来得知匈奴兵退的消息，汉武帝迅速调整作战方案，将伏击战变成了一场追击战，跟在匈奴军队屁股上追击，可是匈奴军队早就无影无踪了。

精心布置的开锣大戏结果成了竹篮打水一场空，32万大军成为摆设，汉武帝这位青年天子心中的恼怒无以复加，他需要替罪羊以发泄心中的怒火。于是想到了始作俑者的王恢，他以王恢临阵脱逃为名，将其下狱。廷尉判处王恢畏敌观望，擅自退兵，应当处以极刑。王恢虽然托人买通了田蚡（田蚡是汉武帝的母亲王太后的同母异父弟弟），田蚡又通过汉武帝的母亲王太后求情，但仍无法平息皇帝的愤怒，可见当时他是多么沮丧和愤怒。君让臣死，臣不得不死，没有办法，王恢只好自杀谢罪。

尽管在之前的60多年中，汉帝国整体处于战略防御状态，但也并非在军事上一味处于防御状态。只不过那时的进攻，更应该被视为防守的手段，或者说以攻为守，战略上并没有指望把匈奴人赶出长城，赶回大漠老家去。偶尔发起的反击，一般是在匈奴发起秋季攻势之后，次年的春季主动出击一下，以显示

第二章 双雄对决 各有胜负

自己在汉匈对抗中也有一定的主动权。真正想灭此朝食，与匈奴一决雌雄，应该从公元前133年开始算起。

马邑之战是汉武帝发动的第一次对匈奴的大兵团作战，实际上也是汉朝对匈奴的正式宣战书，也在行动上结束了自汉高祖以来的长期和亲政策。从此以后，笼罩在西汉与匈奴之间温情脉脉的面纱被撕破，"和亲"被彻底抛弃到一旁，汉武帝的反应是无情打击，而不甘示弱的匈奴军队也连连反扑，双方展开了血腥的边境拉锯战。

王恢被下狱以致自杀，汉武帝固然有泄愤的情绪，实际上也反映了汉武帝对指挥马邑之谋的将领们的不满和失望。"有非常之功，必待非常之人"，这是汉武帝的用人原则。反击匈奴是全新的事业，可是依靠眼前的将领，显然是难以托付如此重任的。以总指挥韩安国而言，虽然早年在平定"七王之乱"中建功立业，声名卓著。可是对付更凶狠的匈奴，却是一筹莫展，畏敌如虎，老成持重有余，主动进取不足，可谓是内战内行，外战外行。可是，开弓没有回头箭，战事没有休止符，反击匈奴的事业绝对不能半途而废，也不能半途而废。战火烧起来了，想单方面熄灭纯属一厢情愿，可是满朝文武，谁能替他分忧呢？

也许出于对西汉马邑之谋受到的惊吓，匈奴人在马邑之围后3年多的时间里，并没有立即进行军事上的报复，大规模的入侵情况并未立即发生。直到公元129年2月，也就是在马邑之围三年半后，汉帝国的边郡上谷郡[①]遭遇到了匈奴军队的进攻。而3年多来一直为马邑之围未能成功而耿耿于怀的汉武帝，也不甘示弱，迅速发兵迎战，一场大战就此拉开了大幕。

---

① 郡治在今河北张家口怀来境内，辖区大致包括怀来、宣化、涿鹿、赫城、沽源及延庆等地。

第二节　烽火连天点和线

汉武帝按下了战争的按钮，拉开了大战的帷幕。在此之前，我们必须对当时作战双方的固有边境线进行一番考察，以便明确对峙双方所处的战争态势，否则可能会对后文的理解发生困难。

汉高祖与冒顿单于和亲之时，曾经约定了两国的边界，"长城以北，引弓之国，受命单于；长城以内，冠带之室，朕亦制之"。汉文帝时期也借着和亲的机会多次重申这个约定，无论军民，"匈奴无入塞，汉无出塞，犯今约者杀之，"布告天下，"寝兵休卒养马"，以便"使万民耕织射猎衣食，父子无离，臣主相安，俱无暴逆"。实际上，这个约定一再被弃之如敝屣，对匈奴没有任何约束力，匈奴势力早已穿越了长城，深入边郡内地了。要谈起汉帝国的边界防务情况，必须从陇西、北地、上郡、朔方、云中、代郡、雁门、定襄、右北平、上谷、渔阳、辽西等边郡谈起，这些郡都位于长城以南，是西汉与匈奴长期交锋来回拉锯的地区。

先从汉帝国的西面边疆的三郡谈起。秦汉鼎革，汉帝国继承了秦国在西方的地盘。秦国从嬴非子因养马有功，被周孝王封于秦邑（今甘肃省清水）时开始，偏处西北蛮荒一隅之地，不但备受中原诸侯国的歧视和冷落，而且经常受到西戎游牧民族的侵扰。国君秦仲以及秦襄公先后在与西戎交战中战败阵亡，

第二章 双雄对决 各有胜负

可见当时军事斗争非常残酷。秦穆公时期，秦国开始强盛，接连对西方的游牧民族用兵，接连获得胜利，扩充了领地千余里，史称"秦穆公霸西戎"；接着与义渠进行了长期的生死搏斗。义渠是西戎的分支部落，生活在泾水北部至河套地区，以游牧为生，与秦国毗邻，彼此之间互相视为对手。秦躁公时期，义渠曾经集结军队向秦国发动了大规模的进攻，来势凶猛，攻进了秦国的核心腹地渭城，秦军费了很大气力才把义渠军队赶走。公元前318年，公孙衍合纵楚、韩、赵、魏、燕五国，攻打秦国。义渠趁秦军主力与五国交战之机，趁火打劫，出兵大败秦军于李帛（今甘肃天水东）。后来，秦国在与义渠的战争中获得大胜，夺取了义渠的25座城池，占领了义渠大片优良牧场，义渠国力受到很大损失，失去了挑战秦国的能力。为了笼络义渠人，秦昭王的母亲宣太后甚至与义渠王同居，时间长达30年之久，还为义渠王生了2个孩子，可谓史上最长的"和亲"。但是，这种和亲背后隐藏着的杀机最终显现，宣太后先是引诱义渠王进入秦国，不知是计的义渠王自然没有任何防范，结果在甘泉宫被埋伏好的甲士剁成肉酱。趁着义渠群龙无首之际，秦国迅速发兵攻打义渠，一举歼灭了义渠的武装力量，清除了秦国的西部大患，并占领其地，在义渠的故地设立陇西、北地、上郡三郡，这就是三郡的来历。

到了战国时期，一个更强大的敌人匈奴出现在北方，对秦国虎视眈眈，造成了沉重的压力。秦国为了统一六国，专注于东方，对匈奴采取守势，就在沿边的陇西、北地、上郡北境开始修建长城，由今天的甘肃岷县西南洮河东岸北上，至狄道（今甘肃临洮）东北，经宁夏固原，直到黄河，有效阻止了匈奴的袭扰。陇西、北地、上郡由此成为秦朝的军事据点。六盘山在秦汉时期称为陇山，陇西指的就是陇山以西的地方。陇山可算是长安王朝的屏障，为当时右拒西羌、左护咸阳之要郡，没有陇山这一天然屏障，西北的黄沙将伴随狂风肆虐关中，西羌等游牧民族的铁骑也会呼啸而来，关中就不会成为秦汉乃至以后隋唐王朝的龙兴之地，"千里金城"之说自然不会成立。至于陇山以西，翻过陇山，越过乌鞘岭，则是狭长的河西走廊。对于秦王朝而言，这更是一片纷争之地，从没有奢望伸出一只脚；即便到了汉朝初期，陇西也是边界地，是对付西北游牧民族的前哨阵地，驻扎重兵，严防死守，成为兵家必争之地，而河西走廊更是匈奴人占据的地盘，是匈奴右贤王管辖的地方，汉朝的几个皇帝想都没有想过要打到那里去，只是到了汉武帝时期，那里才成为汉帝国与匈奴鏖兵的战场。

北地郡和上郡的设立则是为了抵制从河南地南下的匈奴铁骑。特别是北地郡是防守长安的最后一道防线，上郡、北地、陇西三郡城防为根据地的布局，对匈奴的野战骑兵构成一定的威胁，使其不敢肆意妄为。因此，这三郡是秦朝在西北的重要屏障。到西汉时期，这里多次遭到匈奴骑兵的侵扰，危急时刻，汉文帝曾经在长安西细柳、渭北棘门、霸上设立三将军备防，这里已经深入三郡内地了。在汉武帝与匈奴开战初期，这里曾经是战场，到卫青收复河南地之后，这里的安全有了保障，三郡的重要性才开始下降。

再看北面的战线。战国时期，匈奴在大漠南北崛起，给中原诸国带来严重威胁。至战国中晚期，匈奴势力南推至今日长城一线，史称"冠带战国七，而三国边于匈奴"。①特别是与之相邻的秦、赵、燕三国，屡次受到匈奴的侵扰。匈奴骑兵来时若狂风暴雨，去时若烟消云散，使人猝不及防，具有很大的机动性与灵活

茂陵博物馆展出的汉代石虎镇　于博文　摄影

---

① 《史记·匈奴列传》。

第二章 双雄对决 各有胜负

性,匈奴特有的作战方式让秦、赵、燕诸国颇为头痛。在这种形势下,依托险要地形,构筑永久性的防御工事,就陆续成为各国的必然选择。赵国在赵肃侯(赵语,赵武灵王之父)执政时期就开始修建长城。他在位时期,赵武灵王攻击中山国,夺取了中山国与代郡和燕国交界的土地。中山国为了打破封锁,派人联络生活在晋北及内蒙古中部的林胡、楼烦等游牧民族,共同出兵夹击赵国的代郡,结果遭到了赵武灵王的痛击。赵武灵王顺势夺取了林胡和楼烦的大片土地,把他们驱赶到黄河西面的鄂尔多斯高原地带。赵国势力进一步扩张,沿着大青山一带向西推进,把疆域扩展到河套地区。赵武灵王派人修建了两道长城,以阻止林胡和楼烦的南下。这两条防线东起代地(今河北蔚县),依靠着阴山山脉[①]东段余脉的大青山南麓,弯弯曲曲一路向西延伸,一直到高阙(今内蒙古临河以北)为止,全长2000余里,沿长城一线分别设置了云中(今内蒙古大青山以南、黄河以南,长城以北之间)、雁门(今山西北部神池、五寨、宁武以北至内蒙古间地区)、代郡三座城池,以长城为依托,有效抵御了匈奴的进攻。据说赵武灵王修建长城时,准备在五原河西造一大城,结果城墙屡次修建屡次倒塌,根本没有办法修建起来,只好另选城址,并且祷告上苍,希望老天保佑修城成功。祷告完毕,发现有一群大鹅在白云中来回翱翔,振翅而鸣,经久不去,天鹅下面还闪烁着明亮的光辉。赵武灵王说道:"这是为我指引筑城而来的吗?"于是就在天鹅盘旋的下方修建城池,结果一举成功,赵武灵王就把这座城命名为云中,史称"天鹅引云中筑"。赵国后期国势衰微,忙于与秦国争斗,无暇他顾,匈奴乘虚而入,跨越了阴山,渡过了黄河,占领了阴山以及河南地。

秦国兼并天下后,蒙恬奉命率30万大军北击匈奴,重新夺取了河南地以及

[①] 阴山是今内蒙古中部一座东西走向的狭长山脉,由于地势较高,云气聚集,降水较多,草木茂盛,适宜游牧与农耕,生存条件好,一直是中原王朝与北方游牧民族激烈争夺的地区。

大汉战神：霍去病传

阴山以南地区大片领土，自榆中（今内蒙古伊金霍洛旗以北）至阴山一带，设置了34个县，派官员进行有效治理。秦军又渡过黄河，完全占据了阴山地区，迁徙人民充实边县。为了防备匈奴卷土重来，重占河南地，秦始皇三十三年（前214年），秦始皇命令蒙恬修筑长城，把原来秦、赵、燕三国修筑的长城连接起来，经过10多年的努力，终于修建了西起临洮，东至辽东的万里长城，有力地遏制了匈奴的南进，在北部边境修筑了一条坚固的防线，蒙恬沿河套一带设置了44个县，统属九原郡，还建立了一套治理边防的行政机构。又于公元前211年，发遣3万多名罪犯到洮河、榆中一带垦殖，发展经济，加强军事后备力量。蒙恬后受遣为秦始皇巡游天下开直道，从九原郡（今内蒙古包头西南）直达甘泉宫，截断山脉，填塞深谷，全长1800里，可惜没有修竣完工。蒙恬驻守上郡10多年，威震匈奴。

  虽然随着秦帝国的灭亡，匈奴铁骑再次冲破长城，翻越阴山，重占河南地。但是，在西汉统治者眼里，东西走向绵延千里的阴山可以看作是黄河北面的汉匈天然界线。而实际上，由于国势太弱，汉初并没有能力控制阴山一带。汉初有效控制的北方边界大概在燕山、恒山以及河套一线，这与赵武灵王的阴山长城相比，向南退缩了将近200公里。云中、定襄、代郡、雁门四郡的领域面积随之缩水，只有秦时期的一半大。云中、雁门、代郡三郡正对着匈奴本部，是匈奴进攻汉帝国最便捷的通道，天长日久，匈奴每次出兵，都是穿越三郡，深入到三郡以南，如马邑、平城都是三郡的腹地，也是匈奴长期袭扰的地方。汉武帝时期与匈奴交兵，来回拉锯都是在这里进行，可以说是受到战争摧残最严重的地方，这种状况一直持续到漠北决战，匈奴被赶到漠北，"漠南无王庭"，才得到根本改观。

  再看东北边境。东北是战国时期燕国的故地。燕国是一个古老的封国，寿命很长，当年也受到游牧民族的侵扰。齐桓公征伐山戎，军队驻扎在孤竹。山戎南下袭扰燕国，燕国告急于齐桓公，齐桓公救燕国，打垮了山戎，使其势力

第二章　双雄对决　各有胜负

退走。不过燕国要应对的主角却是东胡。燕昭王[①]时期，东北部的东胡部落不断开拓疆域，一直抵达燕国北部边界，对燕国领土构成极大威胁。燕国为社稷安宁计，也是为了应对秦国的侵夺，采取向东胡求和的办法，争取时间发展，壮大国力。为了表示诚意，燕国将名门望族的年轻将领秦开送往东胡当人质。表面上是向东胡妥协求和，实质是派遣秦开去获取情报，为进攻东胡做准备。秦开不负使命，熟悉了东胡的地理环境，风俗人情，军事虚实，通晓了游牧民族作战的战术特点。公元前300年，秦开归国后，起兵袭击东胡，大破东胡，迫使东胡北退千余里，还曾渡过辽水进攻箕子朝鲜，直达满番汗（今鸭绿江）为界，据有辽宁全境；并开辟辽东，置上谷郡（上谷郡始建于战国燕昭王二十九年，因建在大山谷上边而得名）。上谷郡北以燕山山脉为屏障，向南俯视中原，东扼居庸关，西临小五台山，实乃边关形胜之地，与渔阳（城在渔水之阳，故名，故城在今北京密云西南）、右北平、辽西（今辽宁义县西）、辽东（郡治襄平，燕长城的重点，辖今辽宁大凌河以东，开原市以南，朝鲜清川江下游以北地区）五郡构成雄关要塞，边关锁钥，燕国边境为之向东推进了1000多里，大大开拓了燕国的疆域。为了牢牢掌控上述地域，燕国仿照秦国，随即开始修筑北长城。北长城西端起自造阳（今河北宣化东北），向东到达襄平（今辽宁辽阳北面）。燕国的疆域达到了历史上最大范围，成为仅次于秦楚的第三大国。秦国灭掉燕国后，在燕国故地设置了渔阳郡、上谷郡、右北平郡、辽西郡、广阳郡。

秦汉鼎革，汉帝国虽然占领了上述大郡，但是匈奴的冒顿单于消灭了东胡，占领了东胡地盘，这里就成为匈奴左贤王的领地。因此，这里的战火也是特别激烈，匈奴本部对上谷的袭扰以及左贤王部对渔阳、右北平、辽西和辽东

[①] 燕国国君，曾入韩国为质，后在赵武灵王的支持下回燕登基，励精图治、重用乐毅等贤人，使燕国国力鼎盛。

的侵入，给当地人民造成惨重的灾难，到汉武帝与匈奴开战，这里也是重要战场。

　　汉匈开战初期，匈奴人主要的生活地区以及后来匈奴帝国的主要侵略活动，连同汉匈两大帝国的战略交锋，就都发生在上述地区。而匈奴军事行动的目的不在于占领地盘，而在于纵军抢劫，所以尽管战争频繁，西汉一直勉为其难，全力保有这些边郡，上述11个边郡则处于双方交火的点与线上，从河西至辽东，漫长的北边郡烽火连绵、胡茄互动，几乎岁无宁日。"自高后以来，陇西三困于匈奴矣，民气破伤，亡有胜意。"被杀的边郡太守不在少数，"汉文帝十四年（前166年）冬，匈奴寇边，杀北地都尉（孙）昂"；后元二年（前142年）春，"匈奴入雁门，太守冯敬与战，死"，至于被罢免者更多。文帝十四年，因匈奴大举入扰关中，匈奴在塞内杀掠月余后自行退出，而汉军始终未敢与之交战，"驱出塞即止，不能有所杀伤"。"闻鼙鼓而思良将"，汉文帝为此忧心忡忡，长吁短叹，寝食不安，深切感到缺乏戍边良将为国分忧。汉景帝时的李广，由于精于骑射，胆气过人，前后历任北边七郡太守，多次与匈奴进行交锋，虽然难以扭转被动局势，却成为当时名副其实的"救火"队长，哪里危急就派到那里，可见当时西汉帝国边境左支右绌，难以应付。

第三节　龙城一战转乾坤

马邑之谋后，匈奴的边境攻略战停止了三年多的时间，这并非意味着和平的到来，而是大战到来前的沉寂。匈奴的军事报复战随时都可能打响，只是不知道何时何地开始。毕竟匈奴的军事实力没有受到任何打击，依然掌握着战争的主动权，把控着战场的节奏。因此，战前的沉寂就显得更为窒息可怕。

该来的总会来。果然，到了元光六年（前129年）的秋天，正是秋高气爽、草高马肥的时节，匈奴又一次兴兵南下，前锋直指上谷郡（今河北怀来）。从进攻方向来看，来犯者应该是匈奴本部的主力部队，数年未兴兵的匈奴自然是来者不善。

朋友来了有好酒，敌人来了有猎枪。接到边境告警的信号，汉武帝毫不示弱，连连下达命令，调兵遣将，任命卫青为车骑将军，率领精兵1万从上谷郡迎敌，直接迎击来犯的敌军；命令骑将军公孙敖率军1万，从代郡（治代县，今山西大同、河北蔚县一带）出兵；命令轻车将军公孙贺率军1万，从云中（今内蒙古托克托东北）出兵；命令骁骑将军李广率军1万，从雁门郡出兵。四路大军互不统属，各自为战。

这里首先介绍一下参战的将领。卫青出身奴仆，在接掌一路统兵将军之前，职务是大中大夫，此前未预军旅之事，统兵作战的才能有待战争检验，因此虽贵为车骑将军，并不统领全军。公孙敖，义渠（今甘肃宁、庆一带）人，早年是汉武帝的骑郎，与卫青是密友，此时的职务是上中大夫，被任命为骑将军，也是初次上阵，缺乏作战经验。公孙贺，字子叔，义渠人，胡人后裔，其祖父公孙昆邪为平定七国之乱立下汗马功劳。公孙贺生年不详，约为汉景帝时期，与公孙敖是同乡。少年从军，多次立功，为太子舍人。汉武帝时升为太仆，娶卫子夫长姐卫君孺为妻，也属于外戚一族。相比于上述两人，他算是有行军打仗的经验。李广，陇西成纪人，汉文帝十四年（前166年）从军击匈奴，因功封为中郎。汉景帝时，先后任北部边域七郡太守。汉武帝即位，召为未央宫卫尉，是四路统帅中最有战争经验的将领。从将领来看，参与马邑之谋的将领只有公孙贺和李广，而卫青和公孙敖则是初出茅庐的新锐。

鉴于汉匈之间拥有漫长的边境线，匈奴军队一向神出鬼没，行踪不定，汉军要想抓住敌人，只能采取数路出击的形式，四处寻战。从战役部署上看，出击的汉军共分为四路，每路一万骑兵，由东至西，分别从上谷、代郡、雁门、云中四郡出击，各自为战，寻找匈奴人接战。从战场地域来看，空间相当宽阔，基本上从燕山西南的宣化盆地，一直延伸到河套东部的前套平原一线，形成广阔的散面。这也是无奈之举，因为此时的汉军，根本无法判明匈奴主力在哪，只能四路大军平均用力，总算起来不少，分开则显得单薄。事实上，由于军情紧急，在如此短的时间内，西汉帝国没有时间集结太多的军队，这四万军队是常驻边郡的常备军。再加上进攻方向不一，彼此之间缺少配合，又缺乏战略上的互动，没有主次之分，他们分别所要面对的匈奴人，无论从数量还是战力来看，都有可能对一路汉军取得优势地位，很容易为敌人各个击破，所以汉武帝的第一次与匈奴的"处女"之战，显得没有章法，有些草率。

可军令如山，攻击命令下达，四路大军分别进发。李广一路从雁门进兵，也许是霉运一直伴随着这位沙场宿将，不久他的一万军队就与军臣单于率领的匈奴主力部队相遇，彼此力量众寡悬殊，退无可退，李广指挥军队与敌军展开

第二章 双雄对决 各有胜负

鏖战。汉匈开战之初,匈奴军队从来没有受到打击,精锐尽存,士气旺盛,特别是匈奴军队中的射雕勇士更是箭法高超,名闻遐迩,李广早就领教过他们的厉害,可以说箭无虚发,发必中的,一人可以与几十名汉军对阵。在如同飞蝗般的箭雨下,汉军连连中箭,死伤惨重,很难组织起有力的抵抗。李广率军拼死抵抗,阵地上到处都是被射死的战马和呻吟的士兵,战况惨烈。李广所部汉军孤军作战,难以休整,而匈奴军队仗着人多势众,可以轮番进攻,到了第五天,汉军士卒饥疲交加,伤亡过半,难以组织有效的抵抗。在匈奴的连续进攻下,李广所部全军覆没,一万精兵横尸疆场,主帅李广则身负重伤,被匈奴兵活捉。

作为主帅的李广,多年在边郡当太守,是匈奴军队的老对手,在匈奴军队中的知名度是相当高的。看到汉军全军覆没,军臣单于的心情自然是乐不可支,在匈奴军发动最后攻击时,军臣单于特地命令全军,不得伤害李广,要活捉他。匈奴骑兵便把当时受伤的李广放在两匹马中间的网兜里,准备押回去献俘,邀功请赏。李广虽然受伤,头脑却异常清醒,随时寻找时机逃跑。为了麻痹匈奴士兵,李广假装已经昏迷。就这样走了10多里路,眼看离匈奴军队的大营越来越近了,再不寻机逃跑就彻底没有机会了。于是一个战场上的传奇就随之发生了,李广暗暗蓄积力气,突然从网兜中跃身而起,把一个押送他的匈奴兵推下马,同时摘下他的弓箭,几个动作一气呵成,然后奋马扬鞭,向南飞奔而驰。匈奴士兵这才反应过来,一边大声喊叫,一边纵马追赶,随后匈奴骑兵数百人也跟了上来,试图再次活捉李广。李广一边纵马奔逃,一边轻款狼腰,弯弓搭箭,不断射杀追近的匈奴骑兵,最后竟然奇迹般地脱逃成功,回到汉军大营。匈奴人被李广的惊人骑射技术所折服,称其为"汉之飞将军"。

几乎与李广的遭遇相同,公孙敖在进军途中也与大队匈奴骑兵遭遇,公孙敖自忖不敌,且战且退,在损失了7000名骑兵后,终于狼狈退回了西汉边境。

从云中进兵的公孙贺最有可能遇到敌人,因为云中郡已经深入到蒙古高原了，可以说出门就是敌国，可是他一路连一个敌人都没有遇到，1万大军在茫茫草原搜寻了10多天，一无所获，又不敢纵兵深入草原腹地，只好撤军回塞。

卫青一军从上谷郡进兵，上谷郡本来是匈奴侵扰之地，可是等到大军到达后，根本见不到敌人的影子，茫茫草原，到何处寻敌一直是一个谜一样的问题。沧海横流方显英雄本色，卫青初出茅庐，不可能就此罢手退兵，他果敢冷静，纵兵深入敌后，千里奔袭，穿越广袤的草原，直捣龙城（匈奴祭扫天地祖先的地方，具体地址说法不一，有内蒙古赤峰、蒙古和硕柴达木湖附近之说），犹如天兵神降一般，出现在匈奴人眼前，打了敌人措手不及，敌人纷纷逃散，汉军一阵穷追猛打，斩首700人，取得了难得的一次胜利。然后率军掉头向南迅速撤回塞内，前后纵横敌境上千里，如同行云流水，毫无窒碍。唐人王昌龄赋诗"但使龙城飞将在，不教胡马度阴山"，把卫青赞誉为"飞将"是实至名归的。

战后论功行赏，李广和公孙敖均因失军被问罪，朝廷把李广、公孙敖交给执法官，执法官判两位将军死伤人马众多，应当斩首，按照法律处以极刑。但是当时可以用钱赎罪，于是两位将军交上罚金，被免除死罪，废为平民。抗匈大业刚刚开始，需才迫切，如果没有以钱赎罪的救济条款，那么汉武帝很快就会发现，将来会无人可用。四将之中，只有卫青旗开得胜，因战功被封为关内侯。客观来说，无论是李广还是公孙敖都有点冤，没有李广和公孙敖的拼杀，能拖住敌军主力吗？卫青的千里奔袭能够如此轻松吗？当时的人不是不明白这个道理，所以卫青在汉武帝面前为两位将军开脱，说若不是二位将军牵制住敌方主力，他也无法取得胜利。汉武帝的回答是："真仁义也。"从汉武帝的回答中可以看出，他只注重结果，卫青的开脱除了为自己赢得仁义之名，丝毫没有减轻汉武帝对两位败军之将的惩罚程度。也许李广和公孙敖在对阵中杀敌更多，可是斩获敌军的首级何在？在以战功说话的军功制度面前，任何辩驳都是苍白无力的。

第二章 双雄对决 各有胜负

从双方的损失来看，汉军这次出动四万骑兵所发起的反击战，应该算是很不成功的。虽然卫青部攻入龙城，斩获了700人，但仅仅北出雁门的公孙敖部就损失了7000人，更别说还有李广部的损失了，4万大军回来了2.4万人，无论如何都是一个赔本的买卖。虽然此时的汉帝国家大业大，人口众多，能够承受数倍于匈奴的人员损失，可是如果仗继续这么打下去，再大的家业也会耗光，再多的鲜血也会流尽，等待西汉王朝的将会是万劫不复的命运。

这次战役的唯一亮点是卫青独创的长驱直入、千里奔袭的战法。与草原上的对手较量，关键是判断匈奴主力的位置，然后予以打击，而不是像平原地带那样，只要攻占了敌人的城池和地盘就算大功告成。用步兵被动防御，根本不能解决来无踪、去无影的匈奴骑兵的灵活作战方法和持续骚扰，只有改变作战手段，实行新的军事变革，也就是以强劲的汉朝骑兵主动出击，深入敌国和他们正面交锋，大规模歼灭敌军的力量，跳出此前的战斗旧模式，才能彻底改变西汉自立国以来被动挨打的局面。因此，消灭敌人的有生力量，消耗敌人的物资储备，才是上上策。以斩获换封赏，而不是以占领地盘为依据，斩获敌人首级的数量，缴获了多少敌人的牛羊，几乎成了记功的唯一标准。而这显然不是传统将领的思路，因此，卫青发挥骑兵优势，大胆穿插，千里奔袭的战法才会受到汉武帝的激赏，龙城袭击战的成功，是中原王朝首次出塞，御敌于国门之外，第一次将战刀捅到遥远的匈奴腹地，使得这种闪电式长途奔袭战成为对付匈奴人的一种样板，从而也为以后的战争提供了指导。从这个意义上来说，龙城袭击战怎么评价都不过分，从战术上而言可谓是扭转乾坤的一战。我们将会在以后的战争中看到这种战法的巨大威力，即如何把匈奴一步步逼入死角，以致其难以在草原立足的。

这一仗诸多将领的表现也提醒了汉武帝，仅靠目前的将领是难以完成他的反击匈奴的大业的，必须进一步发掘新的人才，补充新鲜血液，他们才能充分领会汉武帝的攻势战略思想，把对匈奴的战争打下去。霍去病就是等待汉武帝去发现的一颗明珠。

龙城之战是两大政治集团的初试身手,也算是一次大规模厮杀前的一次热身。此后的十年间,汉匈双方在军事上进入了惨烈的拉锯阶段,每一年都会有战事发生。在这些激烈的角逐下,战争优势的天平开始慢慢向汉朝倾斜,汉帝国开始争得主动权,按照自己的战争节奏,一步步将匈奴逼入死胡同。而卫青龙城一战开创了汉朝"长途奔袭"的新战法,从指导思想上改变了汉军传统的应敌模式,扭转了战争的形势,成为令匈奴人闻风丧胆的名将,留下了史上最流光溢彩"但使龙城飞将在,不教胡马度阴山"的战神传说。

第四节 腥风血雨拉锯战

元朔元年（前128年），对于汉武帝而言，是个大喜之年。卫子夫生下了皇太子刘据，这也是汉武帝的第一个儿子。刘彻16岁登基，13年漫长的等待，二十九岁终于盼来了自己的儿子，帝国基业传承有人，心头的喜悦无以言表。据史书记载，汉武帝在刘据出生后，当即诏令当时最有文采的文臣枚皋以及东方朔写了《皇太子生赋》及《立皇子禖祝》，以为纪念。为感谢苍天赐予他的第一位皇子，汉武帝还下令修建了婚育之神和高禖神的祠堂，香火祭祀不绝，用来表达对爱子降生的浓浓深情。母以子贵，主父偃不失时机，上书汉武帝，请立卫子夫为皇后。汉武帝欣然准奏，选择元朔元年的春天三月甲子这一天，册立卫子夫为皇后，并且下诏大赦天下。从卫子夫开始，不仅新皇帝登基大赦天下，册立皇后也大赦天下，并且成为汉家的制度。卫氏家族以外戚之尊，锦上添花，烈火烹油，崇荣无比。

然而，当时的军事形势依然严峻。当汉帝国明确摆出反击的姿态之时，硬碰硬捉对厮杀，对一直以来对汉朝予取予夺、和战由己的匈奴而言，是难以容忍的。无论是从军心、士气还是国家利益而言，匈奴人都是不会善罢甘休的。这就注定了双方会继续用实力说话，通过战场上的较量争夺发言权，夺取主动权，掌控战争节奏。显然，此时汉军尚未对匈奴造成较大的伤害，优势依然在匈奴方面，何时开战依然由匈奴说了算。

也就是皇太子降生的这一年的秋天，匈奴方面经过水草丰茂的夏天，将战马养得膘肥体壮，乘秋高气爽的时机，又一次开始了对汉战争。"烽烟虚昼望，刁斗绝宵惊"。匈奴2万铁骑入侵汉帝国东北边境，斩杀了西汉的地方长官辽西太守（辽西郡治阳乐，今辽宁义县西），掠走了边民2000余人，接着又继续西进，进攻渔阳，打败了屯驻渔阳郡（郡治渔阳县，今北京市密云西）的材官将军韩安国，接着继续向西，攻击上谷郡，兵锋所向，难以遏制，边疆陷入一片狼烟火海之中，帝国边民在锋镝下呻吟逃生。

这次西汉帝国遭受军事攻击的方向，是辽西、渔阳、上谷三郡，与匈奴左翼接壤。因此，整个燕地边郡，都是匈奴左翼的劫掠目标。由此可以肯定，这次进攻的敌军主力，应该是匈奴的左贤王部。

左贤王身份仅次于单于，对西汉帝国的军事进攻比较频繁，应该说来自这个方向的军事压力是比较小的，主要原因是汉帝国的核心地区离这里比较远，难以对汉帝国造成更大的伤害，汉帝国可以弃之不顾。因此，相对而言，对汉帝国构成的军事压力与其他战线相比，就小一些。事实上，在漠北大战之前，汉帝国对左贤王部一直没有主动发起军事进攻，一直采取守势，即便是发动的有限攻势，也大多是战术配合动作，虚晃一枪，因为其他战线已经足够汉军手忙脚乱了。

至于左贤王部为何发动这次军事行动，应该与之前的龙城之战有关。尽管龙城之战很有名气，可是龙城在哪里一直是个谜，很多人认为卫青所攻击的"龙城"，很有可能是匈奴左翼部落在漠南的祭祀中心，而不是匈奴本部的祭祀中心，因为距离太遥远了，卫青的军队到不了那里。如此说来，左贤王发动的这次军事进攻应该算是一次报复行动。不过，这种说法也难以服人，有的人认为左贤王这次出兵，实际上是一次战术配合，真正的对手匈奴本部正在跃跃欲试，准备给汉军再来一次打击。

第二章 双雄对决 各有胜负

按说敌人从哪个方向来，汉军就应该向哪个方向接战。可是汉武帝采取的动作是重新起用已经被削职为民的李广坐镇右北平郡（郡治平刚，今辽宁凌源南，一说内蒙古宁城西南），利用李广的威信以威慑敌军，明显是采取守势战略。

此时被罢官的李广正是无聊之时。他曾和颖阴侯灌婴的孙子灌强到蓝田南山游玩，蓝田南山在今天的陕西蓝田东，风景优美，一向是达官显宦游乐的地方。有一次他带着一个随从骑马外出，在乡间饮酒。归来时已经是夜深时分，路过霸陵亭，霸陵夜间宵禁，霸陵亭尉喝醉了酒，大耍威风，上前大声呵斥李广，禁止他通行。李广的随从连忙上前说："这是前任的李将军。"亭尉傲然说道："就是现任将军尚且不能夜间通过，何况是前任将军！"不但不让过，而且扣留了李广等人，李广无奈只好忍气留宿霸陵亭下。

右北平形势危急，守边乏人。国难思良将，皇帝于是重新起用李广，任命为右北平太守。李广随即请求武帝，准许派遣霸陵亭尉一同前去。结果一到军中，李广就把亭尉杀了，然后向皇帝上书谢罪。正是用人之际，汉武帝为李广开脱说："将军，是国家的爪牙。《司马法》讲，登车不抚车前横木以礼敬人，遇到丧事不根据亲疏关系穿规定的丧服，振兵兴师去征伐不顺服的人，出征时，要统率三军，协同战士之力，这样才能做到一怒千里惊惧，威震则万物归顺，是以名声显露于夷貉，神威使邻国畏惧。报仇除害这是我期望于将军的，您若叩头请罪，这岂是我所指望的！"汉武帝非但没有因此怪罪李广，反倒欣赏他的这种做法。但是，与韩信的"胯下之耻"以及韩安国的"死灰复燃"相比，可以看出李广心胸狭窄，睚眦必报，没有做人的大格局。

李广在右北平任太守期间，匈奴为他的英名所慑服，没有再发动军事挑衅。东部边境安定了，汉武帝在雁门郡方向调兵遣将，发起了反击。

在龙城之战中崭露头角的卫青，被调到雁门郡，准备从雁门郡出塞，重点打击匈奴单于本部，兵力也有所增加，他所率领的反击部队增加到3万。汉武帝另派将军李息从代郡出兵，从背后袭击匈奴，与卫青一军形成前后呼应之势。

李息是北地郡郁郅县（今甘肃庆城）人，少年从军，从汉景帝时期就开始统兵作战。汉武帝在位时期，李息曾多次担任将军，率军征讨匈奴，镇守边邑，有比较丰富的临战经验，也算是汉军的一员宿将。

汉武帝的判断是对的。他没有理睬从东面边境袭扰的左贤王部，而是从雁门出击，搜寻匈奴本部主力。雁门郡是匈奴袭扰的重点目标，也是最有可能抓住敌人主力的地方。上次反击战中，李广正是从雁门郡出塞遇上匈奴主力，结果全军覆没的。果然，卫青兵出雁门郡不远，就遇上了正在大肆劫掠的匈奴骑兵，卫青抓住战机，迅速展开兵力接战，以3万兵力，分两翼包抄，中路进击，一举击破匈奴铁骑，斩首匈奴精兵数千人，其余匈奴骑兵狼狈逃窜。这是开战以来，卫青取得的第二次胜利，对于匈奴而言是个比较大的损失。

这次反击战虽然战果不够丰厚，但是汉军还是把战线向前推进了一些，以前在西汉边境肆意抢掠的大股匈奴骑兵不敢再像以往那样继续活动，山西北部的边境安全算是有了保障。匈奴再也不能像以前那样随意袭扰大同盆地的马邑、平城等重镇了。这就为雁门、代郡、上谷等边郡的安全提供了一定的保障。

这三个边郡的安全有了基本保障后，汉武帝对匈奴作战的战略重心开始西移。卫青即将受命率领汉军，在河套平原展开对匈奴的大规模进攻作战，一场中国历史上壮观的战争活剧开幕了。

第五节　卫青轻取河南地（上）

汉军的两次出兵，虽说小有斩获，取得了一定的战果，但都是防御性的作战，敌对双方彼此之间你来我往，没有伤筋动骨。而且汉军一罢兵而回，匈奴军队就会利用骑兵的优势卷土重来，对西汉边境进行疯狂的报复。事实证明，这样的打法注定会成为消耗战，战争将会遥遥无期，永远没有休止符。

没有受到汉军沉重打击的左贤王部显然以为对手依然像往常那样软弱好欺，决定"再接再厉"，再捞一把。公元前127年，匈奴左贤王部集中兵力突袭辽西，杀死辽西太守，接着撇开李广守卫的右北平，进犯渔阳郡、雁门郡，击败雁门都尉，渔阳郡守将材官将军韩安国率700人出城迎战，结果身中一箭，负伤败阵，随后固守待援，退守壁垒不出，数月后因伤发病死。匈奴骑兵于是放胆大肆掳掠，抢夺了边民2000余人以及大量牲畜。当时警报频传，探报显示敌人有继续向内地进犯的可能性。可汉武帝却做出了一个大胆的决定，决定采取胡骑东进、汉骑西击的作战方针，置东部战线于不顾，任由敌人荼毒蹂躏，命令车骑将军卫青、将军李息急速出兵云中郡，突袭匈奴防守薄弱的河南地。

河南地，位于黄河以南，秦汉之际称河南，汉朝以后称作河朔或河套，也就是今天的内蒙古鄂尔多斯草原，位于今天内蒙古和宁夏境内，又称河套平原。黄河号称"九曲十八弯"，河水冲刷，在内蒙古地区形成了一个大大的

大汉战神：霍去病传

"几"字形，东西长约180公里，南北宽约60公里，总面积约2.5万平方公里，西面与贺兰山相接，东到呼和浩特，北面倚靠阴山的余脉大青山，南临鄂尔多斯高原，好像一把扇子平摊开来。"黄河百害，唯富一套"，河套一带的降雨量虽然稀少，但气候温和，临近黄河，地势平坦，黄河水顺着地势自然而下，形成千里沃土。早在秦朝时期，这里的居民就巧妙利用地势，开凿沟渠，把黄河河水引到广袤的土地上，河水的灌溉和滋润，使得这里土壤肥美，植被茂盛，满目青翠，畜牧业和农业十分发达，素有"塞外江南""塞上粮仓"之称。

如此丰美的一块宝地，当然引起多方势力的觊觎与争夺，这块土地沾染了无数的鲜血，经常变换着主人。可以说，河套地区的历史就是不断被外来势力侵占的历史，也是弥漫着硝烟混合着血泪的历史，从而影响这里的文明发展进程。战国时期，七强争雄，燕赵两国为割据地盘，经常以武力兼并四邻。就在胡服骑射的次年，赵国就向觊觎已久的中山国发动进攻，一直打到宁葭（今河北获鹿北）。赵武灵王让代地的相赵固专主管所夺取的胡地，专门负责养殖马匹，向赵国提供骑兵。

后来，赵武灵王西攻胡地，一直打到榆中（今内蒙古河套东北岸地区），"辟地千里"，打败林胡，林胡王被迫向赵国贡献良马求和。赵武灵王降服林胡后，又"礼服"了楼烦，从而把林胡、楼烦两国上千里的土地并入自己版图，势力到达云中（今内蒙古托克托）、九原（今内蒙古包头），设置云中、雁门、代郡三郡治之，而且建造2000余里的长城，以之来达到巩固土地、防御北胡的目的。"赵武灵王变俗胡服，习骑射，北破林胡、楼烦。筑长城，自代并阴山下，至高阙为塞。"这是赵武灵王胡服骑射抗击匈奴的历史记载。赵孝成王时，还向北方的强邻匈奴出击，"攘地北至燕、代"。赵武灵王曾在呼和浩特市东南的大黑河东岸，放养马匹，大练骑兵，与强秦争雄。赵国一度成为秦国统一天下的最大障碍，与赵武灵王经营这块宝地有很大关系。

赵惠文王时期，匈奴势力发展起来，向南越过阴山，逼近河南地，常年骚

第二章 双雄对决 各有胜负

扰河套、雁门一带，给赵国带来巨大的军事压力。赵国名将李牧被派去驻军雁门郡，为赵国看守北大门。李牧宽仁爱士，关心士兵疾苦，同时积极练兵，学习匈奴军队的战法。在李牧的治理下，边防赵军士气高昂，军容威盛，于是李牧率军向匈奴开战，在战斗中李牧故意连连败退，丢弃了大量的牛羊辎重，示弱于敌，麻痹对手，把匈奴主力步步引诱到长城外围来进行决战，接着集合人马，夜袭匈奴大营，把睡梦中的大部分匈奴骑兵杀死，其他敌人慌乱逃窜，他命令赵军用战车封锁了匈奴营地出口，射杀四处逃窜的敌人。这一仗打得匈奴主力几乎全军覆没，难以恢复元气。李牧乘胜追击，向北推进了近200公里，重新占领了阴山南麓以及河南地一带。"敕勒川，阴山下，天似穹庐，笼盖四野。天苍苍，野茫茫，风吹草低见牛羊"，这里成为赵国重要的游牧区和战马供应地。

战国末期，随着赵国的衰落，匈奴骑兵再次像潮水一样越过了阴山，重新占领黄河以南的河南地，臣服了楼烦，并且时常纵兵南下抢掠，威胁秦、赵边境。秦朝统一中原后，秦始皇派蒙恬率大军又把匈奴逐出河套地区，秦军以战车开路，箭矢如蝗，步骑大军随后掩杀，匈奴大溃。经过这次较量，匈奴再次败退，退出河南地，史称"却匈奴七百余里，胡人不敢南下而牧马"。蒙恬从榆中（今属甘肃）沿黄河至阴山构筑城塞，收复了当今内蒙古境内的黄河以南地区，又跨过黄河夺取了内蒙古临河区西北的高阙、阴山、北假等地，并修筑北起九原、南至云阳的直道，构成了北方漫长的防御线。蒙恬守北防十余年，匈奴慑其威猛，打消了南下的念头。

秦朝末年，群雄并起，中原逐鹿。匈奴进入冒顿单于统治时期，他东灭东胡，西击月氏，统一了大漠南北，接着沿着高阙南下，吞并楼烦王、白洋王之地，重新占据河套地区和阴山一带，原先的移民纷纷逃返中原，世代居住在河套的楼烦、白羊二胡族则臣服于匈奴，从此匈奴牢牢把控着这块宝地将近一百年时间，在匈奴三大部的行政区划上，河套地区归匈奴右贤王管辖。

大汉战神：霍去病传

在这将近100年的时间里，匈奴虽然不断进行着人事的更新和代谢，可是一直由强有力的人物主政，从头曼单于发其端，到冒顿单于昌其盛，再传给老上单于续其盛，再到军臣单于延其盛，已经把河套地区建设成为牢固的根据地。

先后兴起的几大势力，尤其是匈奴与中原王朝不惜血本，反复争夺河南地，除了巨大的经济利益之外，还在于河套地区在战略上具有十分重要的地位。河南地处于黄河"几"字形流域之内，西、北、东三面被黄河环绕，西面为贺兰山脉，北面则是阴山山脉。阴山及其余脉大青山绵延千余里，横亘在漠北草原与黄河平原之间，只有几处狭窄的山峡沟通南北。河南地地处阴山南麓，谁占据了这里，谁就控制了南北交通的门户。此外，这一带地势平坦，一马平川，无险可守，是骑兵作战的理想战场。匈奴占据这里，可以作为侵略中原的跳板和桥头堡，从这片草原向南穿过毛乌素沙漠和鄂尔多斯高原，纵马突击，则可到达上郡，上郡离长安只有300多公里的路程，匈奴轻骑一日即可兵临城下，是威胁西汉王朝的一个便捷顺畅的战略通道。事实上，匈奴多次利用河套地区作为进攻西汉的战略基地。例如，公元前177年5月，匈奴右贤王就曾以河套草原为跳板，大举深入关中平原，烧杀抢掠，直至与长安相邻的北地郡，焚毁了从秦始皇时期留下的一座帝王行宫（回中宫），如果沿着黄河顺流而下，兵锋可以直达长安；公元前158年冬，匈奴进攻上郡、云中郡，月余始退，这些行动对汉帝国构成了严重的威胁。万一形势不利，这一地区也可以为匈奴提供一定距离的纵深，使匈奴有所戒备，赢得战争准备的时间。

对于西汉而言，河南地的战略地位则更为重要。河南地北接阴山，西邻河西走廊，向东则威胁定襄郡、云中郡，西汉都城长安直面河南地，"匈奴河南白羊、楼烦王，去长安近者七百里，轻骑一日一夜可以至关中"。匈奴在河南地的存在与活动，如同芒刺在背，对于定都关中的西汉王朝是一个实实在在的威胁。而西汉如果控制了河南地，就可以以黄河、阴山等天然屏障为依托，抵御北方匈奴骑兵南下。打掉这个匈奴入侵中原的桥头堡，彻底解除长安北面的

第二章 双雄对决 各有胜负

威胁,并在此处建立反击匈奴的军事后勤基地,可以改善汉匈攻守的战略态势。所以,夺取河南地,无论是在经济还是军事上,都是汉匈大战的重中之重,事关西汉的战争主动权和下一步的国防战略。更为重要的是,河南地的正北便是匈奴大单于的王庭所在,他们修建的头曼城,是匈奴帝国的心脏。

当然,如果汉军收复了河套地区,不但从根本上解除了长安北面的威胁,对匈奴而言其后果也是致命的,汉军可以沿着这片广阔而肥美的草原,一路向北渡过黄河,穿越阴山,挺进茫茫草原大漠,直捣匈奴帝国的心脏,匈奴从此将会难以安枕。因此,这是一块对汉匈双方都生死攸关誓死必争的地方,战火迟早会在这块地方再次烧起。

汉武帝一直没有忘记兵家必争的宝地,他一直在等待时机。这一次,他终于出手了。

第六节 卫青轻取河南地（下）

为了打好这一仗，汉武帝再次起用在汉军将领中声名鹊起的王牌将领卫青，出动3万兵力，从云中郡出击；另外命令表现不俗的将军李息率军从代郡出发，驰援上谷郡。

汉武帝这次用兵可谓超出常人思路，所谓你打你的，我打我的，争取主动，不被敌人牵着鼻子走，避实就虚，而且善于捕捉战机。在这次军事行动中，卫青的作战方向是主攻，而李息向东北进兵，做出救援上谷郡的姿态，不过是为了迷惑单于，策应和掩护卫青的行动，同时达到牵制匈奴本部，以减轻卫青所部的压力。

河南地是匈奴白羊王、楼烦王的领地，归匈奴右贤王管辖。从总体上来看，作为匈奴的杂号王，拥有部众不会很多，总兵力1万多人，以卫青的3万能征善战的大军而言，对付河南地之敌，应该不在话下。

问题是河南地的匈奴军队兵力虽然不雄厚，可是身后有两大主力为之撑腰，一个是右贤王部众，这是汉军最需要提防的力量，毕竟河南地是他的势力范围，而且它是只会下金蛋的"鸡"，每年都会给右贤王带来大量的财富，汉军占领河南地，如同割去他的心头肉，焉有不救之理！从后来右贤王的疯狂反扑也能看出河南地对右贤王的重要性。还有一股力量就是匈奴本部了，这支大

第二章　双雄对决　各有胜负

军到现在尚未出现在战场上，说不定正蛰伏在大草原的某个地方，随时准备吞噬汉军呢？因此，这次作战是标准的虎口夺食。

战略定下了，具体怎么打是前敌将帅的事情，这是考验前敌主帅的战术水平的时候了。卫青从军以来，已经连续打了几仗，基本上熟悉和了解了敌军的战略战术水平和作战能力，因此很快拟定了一个作战方案，那就是屡试不爽的长途奔袭战术。如果直接从长安西面出发，经过上谷郡向北攻打盘踞河南的匈奴楼烦王、白羊王，正面步步推进，稳扎稳打，虽然没有任何风险，但是敌人势必会节节抵抗，实在抵挡不了，会退至阴山的石门水（今内蒙古包头市境内）、高阙（今内蒙古巴彦淖尔市杭锦后旗）两个山口，凭险据守，进可攻，退可守。北面还有单于王庭和右贤王为后盾，可以立于不败之地，最多打成一个击溃战，汉军难以围歼敌人，搞不好还会陷入敌人重围之中，导致全军覆没。因此，汉军必须采取长途奔袭，迂回侧击的战法，绕到匈奴军的后方，迅速攻占石水门和高阙，切断驻守河南地的匈奴白羊王、楼烦王的退路，断绝他们与右贤王以及单于王庭的联系，然后回兵南下掩杀，才能争取主动，取得战果。

计划已定，剩下的就是具体行动了。长途奔袭，首先，需要做到的是保证大军行动的秘密性，尽量做到神不知鬼不觉，以保证行动的突然性，这是成功的关键。一旦走漏风声，整个行动就会宣告失败。其次，要保证行动迅速，计划周密。卫青作为主将，进行了一系列的战前准备工作，调征粮草，捕捉匈奴巡骑，确定行军路线，寻找可靠的向导，了解水草位置，以及解决大军供给，并放出游骑，禁止任何人出入，严密封锁消息。

一切准备停当，卫青率领大军静悄悄地从云中郡出发，偃旗息鼓，人不解甲，马不停蹄，北渡黄河，然后加速催马前进，日夜不停，急行军600余里，终于抵达了高阙，随后对高阙之敌发起了猛烈的袭击。

高阙地势险要，是河套平原西北的大门。东西走向的阴山山脉由一系列山脉组成,从西向东依次排列着狼山、乌拉山、大青山、灰腾梁山、凉城山、桦山、大马群山等,总长约1200公里,平均海拔1500~2000米,南坡陡峭,难以翻越,北坡地势和缓,绵延不绝的铁青色的山脉将河套平原的北面和西面包裹起来,遮断了南北交通。高阙就位于山脉西段的狼山。狼山山势险峻,是阴山的主峰所在,然而山脉忽然从中断开,如同巨斧把山脉劈开,留下了一个狭长的天然山口,两边屹立着两座峻峭的山,有如高耸的双阙,刺入蓝天,所以才称为高阙。高阙要塞就建筑在谷口东侧的台地上,台地北面是达巴图沟口,西面是查干沟口,一关扼两峡谷,控制着北方草原通向河套平原的咽喉,易守难攻,形成一夫当关万夫莫开之势,是连接匈奴右贤王部和河套平原之间的重要通道。在这样的隘谷通道立关置塞,非具远见卓识的战略眼光是不可能的。高阙要塞最初的主人是战国时期的赵武灵王赵雍,赵雍灭中山,败林胡、楼烦,辟云中、雁门、代三郡,并在阴山之上修筑了长城,高阙要塞作为遏制匈奴南下的重要军事要塞,即建于此时。汉景帝时期的名将周亚夫曾经如此形容此地,"高阙塞,塞口有坚城,出塞北为荒原,入之则跨山结塞,易守难攻,臣先父(周勃)在时曾曰:'欲北伐匈奴,必先伐河套,欲河套,必先下高阙,高阙不下,河套难复'。"

周勃之所以有此眼光,是因为他曾经在这里打过仗。当年韩王信造反,周勃以将军身份跟随刘邦在这里用兵,先后夺取了太原、晋阳,并进占了楼烦的3座城。代王陈豨反叛时,周勃再次率军平叛,先后攻占了雁门郡17个县,云中郡12个县,代郡9个县。所以他对这里的地形非常熟悉。卫青首攻高阙,切断敌军退路,与周勃的判断不谋而合,可谓有战略眼光。

高阙一向太平,驻扎着楼烦王与白羊王的小股部队,散漫无序。卫青3万余铁骑从天而降,敌军猝不及防,四散奔逃。汉军顺利攻占高阙,留下部分军队守住高阙,防止右贤王反扑,卫青随后率主力部队向南进击,楼烦王、白羊王见退路已经被切断,无力应战,只好掉转方向,仓皇向南逃窜。汉军跟踪

第二章 双雄对决 各有胜负

追击，随后掩杀，斩敌首级2300级，缴获了大量畜产辎重。卫青让士兵埋锅做饭，稍事休整，接着不给敌人任何喘息之机，马不停蹄，继续跟在楼烦、白羊二王后面追杀，一直追到榆溪，追上溃兵，大杀一阵。楼烦、白羊二王慌不择路，逃奔灵州而去。

灵州在今天宁夏银川东南，是黄河上的一个渡口，位于河套平原西边，距高阙400余公里。汉军穿越乌兰布和沙漠，翻过贺兰山，顺利到达灵州，在这儿再次痛击白羊、楼烦二王的残部，然后一路向南，高歌猛进，直达陇西，彻底荡平阴山以南的广大地区，缴获牛羊马匹数量百余万头。楼烦、白羊二王渡过黄河逃走，逃出塞外，从此再也没有回来过。

这一战酣畅淋漓，整个过程如同行云流水，与战前的设计基本吻合，汉军达到了收复河套平原、聚歼白羊、楼烦王所部的预期设想。这也是卫青从军以来，指挥艺术得到完美发挥的一役，整个战役都是在长途奔袭、迂回包抄的过程中完成的，充分显出了卫青指挥大兵团作战的卓越才能。

这一仗也是汉匈开战以来战果最丰的一次，汉军歼敌数千人，俘获"伏听者"①3071人及牛羊百余万头，收复了河南地全部土地，穿行千余里到达陇西，基本上在河南地由北向南再向西贯穿了一遍。而且这次汉军作战不像以前的战役那样，杀敌一千，自伤八百，而是"全甲兵而还"，军队没有任何损失，在对匈奴作战历史上尚属首次，值得大书特书，所以，《史记》《汉书》都隆重地记载了这一史实。

汉武帝得到卫青的战报，兴奋异常，他下诏说道："车骑将军青率部击胡之楼烦、白羊王于河南，得胡首虏数千，牛羊百余万，走白羊王、楼烦王，遂取河南地，功盖天下！"

---

① 伏听者是匈奴军队的情报人员，他们主要任务是趴在地上，通过用耳朵仔细倾听马蹄敲打地面的声音来判断敌军的人数以及方向等，是沙漠作战中必备的人员，汉军中也有大量的伏听者。

战后论功行赏，大批随征将领得到封赏，苏建、张次公以校尉从卫将军有功，分别封为平陵侯、岸头侯，各有封地1100户。卫青被封为长平侯，食邑3800户。汉武帝尚觉得封赏难酬其功，又益封3000户以表其功。

汉匈河南地之战中，双方投入的兵力不多，战役的规模也不算大，但是此役在汉匈战争中有着重要意义和深远的影响。西汉王朝收复河南地之后，汉朝北方边境的防线向北推移到黄河沿岸，从此黄河便是西汉王朝防御匈奴的天然屏障。

匈奴繁衍栖息之地多为酷寒之所，生存条件恶劣，逐水草而生，常常居无定所，一旦遇上天灾，牲畜大量死亡，就会给整个民族的生存带来严峻挑战。这也就解释了为何他们时常南下，攻伐兼并都是生存所迫，目的是通过向农业区"打谷草"来弥补自然条件的不足。这次河南地之战，使西汉完全控制了河套地区。水草丰美的河套地区是匈奴人最好的牧场，也是整个匈奴帝国领土中最肥沃的地盘。西汉军事作战的胜利，不仅在军事上给匈奴严重的打击，而且在经济上也给了匈奴当头一棒；同时抽掉了匈奴进犯中原的跳板，解除了匈奴骑兵对长安的直接威胁，西汉王朝的北部边防线北推至黄河沿岸，从而极大改善了西汉西部的防御态势，取得了局部优势地位。

由于河套地区具有重大的经济和军事价值，汉武帝还根据主父偃的建议，派遣苏建征调10多万民夫在河南地修筑军事要塞朔方城，位置在黄河"几"字形左上角，即今内蒙古乌拉特前旗东南，派兵镇守。朔方的意思就是北方，即《诗经·出车》所谓："出车彭彭，旂旐央央。天子命我，城彼朔方。"此外，还修复了秦时大将蒙恬所建造的要塞，利用黄河天险为屏障，构建沿河的防御工事，将河南地打造成一个重要的军事基地，增强西汉王朝的防御能力，随时准备抵抗匈奴的突袭，也可以随时向匈奴发起攻击，成了进可攻、退可守的前方战略基地。可以说，卫青此战为汉朝此后的一系列胜利打下了根基，可谓是一举多得。

第二章 双雄对决 各有胜负

黄河贯穿河南地，这里土地肥沃，水利资源丰富，是一块难得的宝地，十分有利于灌溉农业的发展，开辟新区，增加赋税，供养人口。所以，汉武帝在收复河南地之后，马上在此设置了武原郡（今内蒙古包头西北）和朔方郡（今内蒙古锦杭旗北）。九原为赵武灵王所筑的旧城，部分城墙已经坍塌，西汉政府对九原稍加修缮，派驻官吏加强管理，并于当年招募10万内地居民至九原实边屯田，增强边疆人口，充实边防力量。元狩二年（前121年），"徙关东贫民所夺匈奴河南地新秦中以实之"。元狩四年（前119年），"徙贫民于关以西及充朔方以南新秦中，七十万余口"。①可见，移民规模越来越大。通过移民开发了这些地区，充实了边防，对这一地区进行了有效管辖和治理。日后汉军每打下一块地方，就依此办理，派官吏将数以万计的穷苦百姓护送去，并为他们建造屋室，借公田，贷耕牛、农具及其他生产用具，初到时衣食也由政府供给，使他们成为国家的佃农，待经济自立后，或超过规定的优惠期后，他们才向国家交纳租税，这就是民屯。另外，政府还派军队军屯，一面驻防，一面耕地，军屯所获则全部上交国家。民屯与军屯相配合，且耕且战，且攻且守，寓兵于农，寓攻于守，共同打造了西汉帝国的钢铁长城。

当然，修筑城池加上移民实边，花费之大超出了想象。史书上记载，这次经营河南地花费了"十百巨万"，国库为之一空，以至于从公元前123年开始，汉武帝开始卖官鬻爵，以补充国库之不足，司马迁对此颇有微词。可是，这是弊在当代功在千秋的壮举，明代思想家王夫之就说："武帝乘其实而为民利，国虽虚，民以生，边害以纾，可不谓术之两利而无伤者乎？"

---

① 《史记·平准书》。

第三章

漠南蒙古　将星闪烁

轻取河南地奠定了卫青在汉军中的地位，长驱直入奔袭右贤王的成功使卫青加官晋爵，满门富贵，而在卫氏府邸成长起来的霍去病已经摩拳擦掌，跃跃欲试。"雏凤清于老凤声"，二出定襄之战，勇冠三军，一战封侯，成为令匈奴人闻风丧胆的铁骑名将，铁马冰河踏过之后，便是曾以骑兵自傲的匈奴人的噩梦。

第一节　漠南反击封大将

公元前126年匈奴内部发生一件大事。当年冬天，西汉帝国的老对手军臣单于去世，太子於单即位，成为新单于。问题是军臣单于活得太久了，他的弟弟们长年跟随他征战四方，已经拥有了自己的势力，于是匈奴内部发生了权力纷争，军臣单于的弟弟左谷蠡王伊稚斜自立为单于，发兵进攻军臣单于的太子於单。结果伊稚斜在权力角逐中获胜，坐上了单于的宝座。太子於单在斗争中失败，走投无路，又缺乏东山再起的本钱，只好投到汉帝国，苟且偷生，这一举动实际上从政治上宣告了他的死刑。汉武帝封其为涉安侯，过了几个月，这位权力斗争的失败者就死去了。

丢了河套地区，匈奴便失去了大片良好的天然牧场，并且匈奴右贤王所部不得不直面汉军兵锋。因此，对于匈奴来说，这无论是经济上还是军事上，都是重大的损失。匈奴自然想奋力反击，夺回失地。特别是右贤王对汉军收复河南地，修筑朔方城，更是如鲠在喉，多次兴兵进犯朔方郡，杀掠官民甚众，企图再次夺取这块战略地位重要的肥美土地。原本根本没有继承单于位资格的左谷蠡王伊稚斜，通过篡位登上了单于宝座。他为了稳定内部，树立自己的威望，必然要大举出兵犯边，以此来消弭内部矛盾，转移内部注意力，所以他对于右贤王的军事行动予以全力配合，匈奴两大主力合流，对汉朝边境发动了多

第三章 漠南蒙古 将星闪烁

波次的疯狂进攻，掀起了滔天骇浪，使西汉边境处于血与火的煎熬之中。

元朔三年（前126年）夏天，匈奴数万骑兵攻打代郡，杀死了代郡太守恭友，掳掠了千余人。同年秋季匈奴军队进攻雁门郡，再次掳掠了千余人，西汉边境处于战火煎熬之中。

元朔四年（前125年）夏天，匈奴进行了广泛动员，动用了12万左右的军队，几乎是倾国之力，兵分三路，分头向朔方郡、代郡、定襄、上郡等地发动了全面进攻，大有黑云压城城欲摧的势头。一时间，边关连连告急，警报频传，一夕数惊，战争气氛骤然紧张。

汉武帝决定以牙还牙，组织兵力进行反击。乘匈奴正处于最难熬的时节，他决定派卫青率军出征，反击匈奴，主要打击目标就是猖獗已久的右贤王，从而拉开了漠南战役的帷幕。

右贤王部居匈奴右地，即现今的蒙古国西部的广大地区。此时，右贤王的领地西邻额尔齐斯河和斋桑湖一带，西南与西域的乌孙国接壤，东南与汉朝的上谷郡相近，正南方是狭长的河西走廊，与南边的氐人、羌人相接，领地面积极为广阔。由于右贤王没有遭到汉军的直接打击，所以他很是猖獗，为了就近指挥对河南地的军事行动，右贤王把本部设在了漠南地区，这一地区地处蒙古高原与长城之间，草原和戈壁相互间杂，汉军出了雁门郡和大同郡，就到了漠南。

元朔五年（前124年）春，卫青奉命率领3万精锐骑兵，配备了4员大将，卫尉苏建为游击将军，左内史李沮为强弩将军，太仆公孙贺为骑将军，代相李蔡为轻车将军，削职为民的公孙敖被任命为护军校尉，再次随军出征，卫青为全军总指挥，所有将领均归其节制。这次军事行动的攻击目标是右贤王所部。之所以选中了右贤王，首先是因为在近些年里，右贤王所部是攻击汉帝国边境的急先锋，对汉帝国的边境地区构成了极大的威胁。其次，由于汉军占领了河南地，与右贤王的腹心地区的距离大大缩短，以汉军骑兵的攻击力而言，不过半天的路程，便于隐蔽接近敌人，实施突袭。

此时的漠南春寒料峭，北风肆虐，右贤王部正处在冬季牧场躲避风寒，汉军只需要到地势较低、向阳背风的草场，肯定能找到他们。而阴山山脉的余脉狼山以北一带正符合这个条件，可以预料卫青在出兵之前就得到右贤王驻地的准确情报。

为了掩盖这次军事行动的真正意图，汉武帝故伎重演，先派出了在上次战役中表现不错的李息与岸头侯张次公为将军，率领数万人马，大摇大摆向左贤王所部的右北平方向出击，以吸引敌军的注意力，掩护西线汉军部队的集结和行动。

朔方是汉军最后的出击地，卫青的各路军马悄悄地向朔方集结，大军在这里短暂停留，严密封锁消息，补充给养，喂饱马匹，等候出击的命令。由此可以看出，朔方对于汉军出击提供了多么大的便利，也可以看出主父偃具有长远的战略眼光。大军集结完毕，然后向高阙进发。过了高阙就进入了右贤王的地盘，离右贤王的老巢只有区区600里路程，对于汉军骑兵而言，只需要不到一天的时间。

这是一个朔月之夜，草原上一片寂静，天近薄暮时分，天空已经被夜幕笼罩。大军接到加速行进的命令，3万精骑快马加鞭，兵不卸甲，一路狂奔，马蹄声声，敲打着地面。经过半夜的紧急行军，到了五更时分，汉军先头部队来到被一片山脉环绕的开阔地，地上密密麻麻竖立着一大片大小不一的帐篷，帐篷周围传出梆梆梆的击柝声，一队队警卫手上举着火把在周边来回穿梭，交叉巡逻，火光照耀下，明显可以分辨出大头、阔脸、高颧骨、塌鼻子的形象，再加上明显的衣饰打扮，这种形象对于汉军来说，再熟悉不过了，原来是闯进了匈奴人的大营，而且从规模看，似乎是级别很高的匈奴长官宿营地。卫青下达出击的命令，汉军将士纵马奔袭，蜂拥而上，呼啸着杀向敌营。一时间战马嘶鸣，杀声震天。

第三章 漠南蒙古 将星闪烁

汉军将士猜得没错，这次让他们捕到了"大猎物"，这里就是右贤王王庭所在地。显然，右贤王压根儿没有想到汉军会打进自己的老巢。将近2年的边境骚扰，汉军一直按兵不动，没有任何反击的迹象，时间长了，匈奴警惕性自然就放松了，再加上这里离汉朝边境六七百里，在当时这是一个安全的距离，汉军以前从没有这么远的出塞进击的纪录。所以，匈奴丝毫没有戒备，山谷谷口连必要的警卫也没有。右贤王像往常一样在大帐里坐拥妻妾，纵酒欢歌。忽听帐外杀声震天，火光遍野，右贤王喝下的酒顿时化作冷汗流了出来。在这样的情况下，他根本无法组织有效的抵抗，况且身边多是王庭重要官员，老婆孩子一大堆，除了王庭精壮卫士，没有多少战斗力可言，这里成为围猎者的盛宴。三十六计走为上计，久经沙场的右贤王连忙带上妻妾在几百名贴身卫士的簇拥下，趁着混乱之际，突出重围，策马而逃。"月黑雁飞高，单于夜遁逃。"轻骑校尉郭成在战场上看到一支匈奴队伍特别凶狠，簇拥着几个匈奴人杀出一条血路，向西北方向猛冲。郭成断定这里面有匈奴的重要人物，于是置其他敌人于不顾，带着自己的部下拼命追赶，一直追了数百里地，但是这群匈奴人的战马脚力特别好，与追兵的距离越拉越大，最后郭成放弃了追赶，打马回到了战场，这时战役已经结束了。

这场战斗消灭了拱卫王庭的匈奴卫兵1万多人，俘虏更多，连同老幼妇孺算上，竟然抓获了1.5万余人，右贤王王庭的重要人物几乎全部被俘，其中包括右贤裨王10多人以及他们的阏氏和王子，其他贵族160多人，还有专供王庭享用的牛羊牲畜近100万头，可谓大获全胜。与此同时，李息、张次公统率的东路军也取得了胜利。

汉武帝接到漠南大捷的战报，喜出望外，不等卫青率军还朝，就派出特使捧着印信，来到边境军中，拜卫青为大将军，节制天下所有兵马，加封食邑6000户，卫青的3个儿子有的还在襁褓之中，也被汉武帝封为列侯，封赏之厚可谓空前绝后。面对不吝之赏，卫青连忙推辞说："微臣有幸待罪军中，仰仗陛下的神灵，使得我军获得胜利，这全是将士们拼死奋战的功劳。陛下已加封了我的食邑，我的儿子年纪尚幼，毫无功劳，陛下却分割土地，封他们为侯，这样是不利于鼓励将士奋力作战的，他们三人怎敢接受封赏。"汉武帝却表示："我并没有忘记诸位校尉的功劳，同样也会予以嘉赏。"事已至此，卫青不再推辞，于是卫青的三个幼子被封为列侯，长子卫伉为宜春侯，次子卫不疑为阴安侯，幼子卫登为发干侯，每人食邑1300户。可谓封邑晋爵，圣眷日隆。汉武帝随后又论功行赏，大肆封赏了随从卫青作战的公孙敖、韩说、公孙贺、李蔡、李朔、赵不虞、公孙戎奴、李沮、李息、豆如意等将官。护军都尉公孙敖为合骑侯，封邑1500户，侯爵失而复得；都尉韩说为龙额侯，封邑1300户；公孙贺为南窌侯，封邑1300户；李蔡为乐安侯，封邑1600户；校尉李朔为涉轵侯，封邑1300户；赵不虞为随成侯，封邑1300户；公孙戎奴为从平侯，封邑1300户；将军李沮、李息及校尉豆如意都被封为关内侯，每人食邑300户。可谓是太公分猪肉，人人有份。这是卫青领军以来，卫青及其部将得到封赏最丰厚也是封赏人员最多的一次，汉武帝对这一仗的重视程度由此可见一斑。

　　这一仗卫青充分发挥骑兵轻捷、快速的特点，出其不意，攻其无备，一路势如破竹，所向披靡，创造了骑兵远程奔袭的成功范例。经过这次精准的掏心战术，大大削弱了右贤王的力量，右贤王肝胆俱裂，斗志全无，锐气顿消，再也没有与汉军交战的勇气，至于光复河南地更是成为难以实现的梦想，永远放弃。从那以后，右贤王部离开汉帝国边境，向西北退却，大部分龟缩在科布多地区和杭爱山西北端的乌里雅苏台一带，偏安一隅，使单于主力侧翼完全暴露，为汉军下一步打击匈奴本部创造了条件。

　　"宁思汉廷将，英勇际武皇。去年出云中，置郡定朔方。今年战高阙，夜围右贤王。小勇何足矜，万里开边疆。"对于汉帝国而言，这一仗意义重大，既进一步巩固了朔方要地，彻底消除了匈奴对京师长安的直接威胁，又将匈奴左右两部切断。这是在汉匈战争史上具有重大意义的一场战役，自此之后，

第三章 漠南蒙古 将星闪烁

"黄河九曲今归汉",匈奴势力再也没有到达过河套地区。因此,这次战役被称为汉帝国对匈奴作战的三大决定性战役之一。

从对匈奴作战的战术发展而言,这一战的意义也很重大,代表着大兵团大纵深作战的理念在汉军中开始了实践,并取得了极大的成功。汉帝国摸准了匈奴军队的脉搏,找到了对付草原敌人的钥匙,一步步置对手于死地,后来的漠北决战即是在此战的基础上形成的。从这个意义上说,怎么评价都不过分。

第二节　少年英雄思筹边

霍去病的孩童时代是在相当优裕的环境中度过的,虽然说不是含着金钥匙出生的,但是卫氏家族命运的急剧改变,加上舅父卫青军事生涯逐步辉煌,不断加官晋爵,整个卫氏家族官高爵显,富贵逼人。可以说,霍去病与所有王侯之家的后代一样,锦衣玉食,奴仆成群,没有经历过任何生活磨难,很少知道人间的疾苦和稼穑的艰难。这也就很好地解释了他与其他起于卒伍的将领的最大不同点,即不知道体恤士卒,很少与士兵同甘共苦,一直是高高在上。后来他成为统兵大将,汉武帝经常予以赏赐,甚至专门派人到军中给他送大量的精美食物,以示关心。食物多得吃不完,以致腐烂变质,但是他的士兵却饿着肚子。即便在戎马倥偬之际,他依然保持着以前的贵族生活习惯,专门为自己修建了球馆,供自己踢球玩乐。有人以此诟病霍去病,其实这与他富足豪奢的童年时代的影响是分不开的。

西汉立国之初,刘邦对功臣大肆分封,造就了庞大的军功集团,从而在社会上形成了与宗室、外戚相提并论的三大势力集团。军功集团的后裔们靠着祖宗的余荫,坐享其成,整天追求享受,沉溺于声色犬马之中,骄奢淫逸,横行不法,成为比比皆是的"二世祖"。如陈平的后人陈何强夺人妻,被弃市;陈婴的后人陈须,其母馆陶长公主卒,未服除奸,兄弟争财,论罪当死,结果自杀，削去爵位；孝景中五年，陈融（蟜）以长公主之子封隆虑侯，坐母死未服除奸，自杀，削去爵位；萧何的后人萧胜之，坐不敬之罪，被废为庶人；灌婴的后人灌何的儿子行凶伤人，被削去爵位；公元前115年，夏侯婴的后人夏侯颇坐与父御婢奸，自杀，被削去爵位。至于没有被揭发的种种不法情事，可谓洋洋大观，无奇不有，以致从汉初的143侯，到了汉武帝时期，仅剩三五家还有爵位。他们之所以未能取盈保泰，永保富贵，自然是个人原因所致。一是生且富贵，不知道创业难，守业更难，子孙躺在父辈的功劳簿上，胡吃海喝，胡作非为。正如书中所载，"子孙骄逸，多抵法禁，陨身失国"。二是缺乏一种对后代有效的守业教育，没有形成良好的家教和家风。汉高祖所封功臣大多是武将，这些人没有什么文化，对后代缺乏严格的管教，又没有形成良好的家风对后代加以约束，所以逃不过"富贵不过三代"的魔咒，家业传承永远上演着创造、继承、毁灭三部曲。

虽说出身于富贵之家，霍去病并不像其他纨绔子弟那样，纵情享乐，肆意挥霍。他是一个有大志向有作为的人。生活在开疆拓土的时代，使他时刻关心国家的命运，关注着这场战争，渴望有朝一日像舅父那样，驰骋疆场，为国分忧，马上封侯。为此，他刻苦练习骑马射箭，不断提高自己的军事素养，舅父也经常对他耳提面命，言传身教。家庭的熏陶，加上自身的追求，那颗少年的心，早就想展翅高飞了。他身上涌动着澎湃的血液和献身疆场的宏愿，希望投身气势恢宏的沙场，挥斥方遒，用累累战功博得封妻荫子的万户侯。

孔子说，"山梁雌雉，时哉时哉"，而霍去病刚好有机会。当时为彻底改变汉军骑射不如匈奴的状况，扩建骑兵，汉武帝设置了建章营骑，后来改名为羽林骑，专门选取死于兵事的官兵的子孙，在羽林骑中重点培养，进行弓马骑射的训练，号称"羽林孤儿"。后来，羽林郎并不局限于烈士遗孤，选取范围要大得多，《后汉书·百官志》记载："羽林郎，掌宿卫侍从，常选汉阳、陇西、安定、北地、上郡、西河六郡良家补之。"另外入选羽林骑是走向官场的捷径，官宦子弟有志于疆场建功者，都可入选。至于为何称之为"羽林"，学问很大的唐朝学者颜师古解释说："羽林，宿卫之官，言其如羽之疾，如林之多。"汉武帝对羽林郎很重视，视为组建新军的人才培养基地。为了培养将才，汉武帝不惜血本，重金聘请了大批擅长骑射的匈奴人作教官，积极从匈奴那里学习高超的骑兵突击战术。14岁那年，霍去病像其他贵族子弟一样，被汉武帝选为羽林郎，随侍皇帝左右，汉武帝指挥战争时的气定神闲和胸有成竹，给他留下了深刻的印象，从某种意义上说，汉武帝成为他的精神导师。因为霍去病有这么一段羽林郎的经历，在其成名后，羽林郎多代指霍去病。

转眼间，霍去病18岁了，已经成为一个英姿勃发的青年。"长安年少羽林郎，骑射翩翩侍武皇。弓影醉开孤月满，刀头新买百金装。听鸡晓阙疏星白，走马秋郊细柳黄。应募玉门关外去，请缨生系左贤王。"霍去病渴望到边陲从戎，建立不世功名。

也就在这一年，汉帝国再次进行战争动员，发动了对匈奴的反击作战。整个卫氏侯府上下充盈着战前的紧张气氛，因为他的舅父卫青又要披甲出征了。

经过数次交锋，特别是卫青主导的远程奔袭右贤王之战，极大地提振了汉军的士气。右贤王经过这一战，一蹶不振，将部族收缩到更加遥远的科布多一带，实际上脱离了战场，这使得匈奴本部的右侧空虚，汉军可以毫无顾忌，专心对付匈奴本部了。

伊稚斜刚刚登上单于之位，试图以连续的军事胜利凝聚人心，提高自己的威信，也借此挽回匈奴军队不断显露的颓势。因此，他派出1万余骑兵袭入代郡，杀死了代郡都尉朱英，劫掠千余人而去。接着攻击雁门，劫掠定襄（今内蒙古和林格尔）、上郡（今陕西绥德东南），采用游击战术，采取打了就走的

第三章 漠南蒙古 将星闪烁

战术，不断对汉帝国边郡进行袭扰，烧杀抢掠、无恶不作，肆意砍杀掠汉朝官吏和无辜百姓，汉匈边境线这么漫长，匈奴骑兵来去如风，今天在东边打一下，明天又转到西边打一下，四处骚扰，汉军根本防不胜防。匈奴军队的目的就是使汉军疲于奔命，穷于应付，直至拖垮汉军，最后创造战机，一举歼灭汉军，扭转战局，重振匈民族的雄风。

"夜半飞书报建章，交河新驻左贤王。即分骁骑屯榆塞，便发元戎出定襄。"要改变被动挨打的局面，汉军必须主动出击，御敌于国门之外。按照汉军出征的习惯，沙场春点兵。汉武帝则调集了10万大军，以大将军卫青为统帅，以合骑侯公孙敖为中将军，太仆公孙贺为左将军，翕侯赵信为前将军，卫尉苏建为右将军，郎中令李广为后将军，右内史李沮为强弩将军，六路大军从定襄出发，浩浩荡荡，挺进沙漠，寻找匈奴主力，准备给匈奴致命一击。

定襄郡是汉高祖年间从云中郡分出来的郡，此时成为汉军的出击阵地。"擒贼先擒王，挽弓当挽强"，右贤王退出战场后，汉武帝将目光聚焦到了匈奴单于本部，将其作为战略进攻的重点，决心派兵深入大漠，寻机与匈奴单于决战。所以，西汉王朝高度重视这次定襄之战，对雄厚的作战兵力进行了严密编组，分置中、左、右、前、后诸军，以此序列投入作战。汉武帝委任常胜大将军卫青为统帅，统一指挥10万大军。此战是西汉对匈奴开战以来，投入兵力最多的一次。为确保战略重点决胜，西汉宁可置渔阳、上谷、代郡等地于不顾，任由匈奴铁骑蹂躏，也要投入全部兵力攻击匈奴单于本部。这一作战方案体现了汉武帝必欲消灭匈奴本部主力而后快的战略决心。

对于这次出征，史书上语焉不详，只是含糊记载，这次行动歼灭了匈奴军队数千人，按说战果也算不错，但找不到汉武帝封赏诸位将领的记载，这是不合常理的。应该说，这是一场存疑的行动。

后世研究者认为，匈奴对西汉王朝的这次进兵，应该提前获得了准确情报，得到了较长的预警时间，并且进行了一系列的防卫准备。汉军刚由定襄出塞不久，有可能遭到单于军的顽强抵抗，汉军可能吃了败仗，至少是出师不利，否则按照卫青的风格，不会没有达成战术目标，就迅速撤军，然后回军定襄、云中、雁门休整，以利再战。

第三节　勇冠三军冠军侯

一出定襄显然没有达到围歼匈奴本部主力的目的，对这样的战果汉武帝很不满意，兴师如此之众，将帅阵容如此强大，战果却如此之少，不能轻易罢兵，如果错失时机，就只能推迟到明年才出兵了。因此距离上次出兵一个多月，汉武帝下达命令，让原班人马再接再厉，继续向匈奴本部用兵。

说是原班人马，也不准确。因为这次行动中，汉军中增添了一员小将，即霍去病。

随着年龄的增长，霍去病渴望到军中从征，建功立业。所以在汉军二出定襄时，霍去病请求随军出征，汉武帝慨然应允，并且任命他为票（剽）姚校尉，成为统领800名士兵的军官。

卫青经过短时间的休整后，同年4月，他率领10万大军二出定襄，摆出决战姿态，寻找匈奴主力。按照战前部署，前将军赵信与右将军苏建所部，合兵一处，共3000余骑，向右翼侦察敌人踪迹。上谷太守郝贤，率所部兵马，向左翼侦察敌军踪迹。卫青则自率大军，由熟悉地形的张骞作为向导，从中路向匈奴腹地纵深展开搜索攻击。三路兵马，齐头并进，分进合击。卫青的用兵方略是：各部如果遭遇匈奴小股骑兵，就直接将其歼灭；如果某一路遭遇匈奴主力，遭其围攻，则坚守抗击，其他两路迅速驰援，将匈奴军队合围，展开会战。卫青率领本部兵马，北进深入匈奴战略纵深数百里，寻找匈奴主力决战。伊稚斜单于不甘示弱，整军来迎战，两大主力在蒙古草原深处迎头相撞，可谓仇敌相见，分外眼红，二话不说，双方展开了激烈的拼杀，这是一次硬碰硬的主力之间的对决，两军捉对厮杀，展开了一场混战，兵器的撞击声和人马的惨叫声不绝于耳。卫青指挥汉军奋勇突进，杀入敌阵，汉军将士人人奋勇，个个争先，斩杀了匈奴军万余人，到处尸横遍野，受伤的战马倒在地上哀鸣。在汉军的勇猛攻击下，匈奴军队已经露出败象，最终顶不住了，于是像以往一样，四散逃命。

当汉军正与匈奴单于军激战之时，赵信与苏建与大队匈奴主力遭遇，只见天际远处烟尘滚滚，马蹄声声，大队匈奴精骑排山倒海，呼啸而来。赵信与苏建督率3000名汉兵与数万匈奴军队展开了激烈的拼杀，虽然汉军寡不敌众，但依然苦苦支撑，死战不退。同时派出侦骑，向卫青求援。可是，卫青所部也正陷入苦战之中，难以抽调兵力进行支援。两军厮杀了整整一天，汉军死伤殆尽，前将军赵信眼看抵挡不住，心生怯意，加上匈奴首领又对进行了诱降，许以种种优厚条件，他就率领手下仅存的800名汉军向匈奴军队投降了。

赵信本来曾经是匈奴部落的王，曾经当过军臣单于的相国，后来投降了汉军，被汉武帝封为翕侯，食邑1380户。赵信投降后，汉军再也无法支持下去，右将军苏建见大势已去，落荒而逃。

初次参加大战的霍去病却上演了精彩的一笔。初上战阵，卫青害怕出现什么闪失，将他留在大营，不离左右。可是大战一起，霍去病及其所部就不见了踪影，直到大战结束，汉军打扫战场时，霍去病才带领部属得胜归来，只见霍部人人马脖子下面悬挂着敌人的累累首级，身后还有一长串老幼男女俘虏，审问之下，俘虏里面竟然有匈奴的头面人物，如单于的叔叔罗姑比等，而被霍部斩杀的匈奴人里面也有单于的大行父籍若侯产（籍若侯，名字叫产）以及匈奴的相国、当户等官员，这些人都留守后方，是不上前线的。那么霍部是怎么斩

第三章 漠南蒙古 将星闪烁

杀他们的呢？

原来两军开战之初，霍去病按捺不住，率军杀向敌阵，一时杀得性起，竟然孤军深入沙漠数百里，遥见一片匈奴人的营帐，炊烟袅袅，战马散落在各处随意啃食地上的青草，显然无所戒备。霍去病不管三七二十一，就带领部下冲杀过去，匈奴人看见汉军如同神兵天降，根本组织不起有效的抵抗，人数虽多，却抵挡不住这群虎狼之师的冲击，结果，除了少数人逃走，大部分被汉军杀死。霍去病以区区800兵力，杀死匈奴人2028人，斩杀、俘获了不少匈奴部落的重要人物，获得了丰厚的战果。

两出定襄之战是西汉中期以来汉匈双方最为激烈的一次大会战，双方都试图借此战役一决高下，求战欲望都很迫切，因此可谓狭路相逢，死打硬拼。这次集团式的会战说明，经过战争的洗礼，汉军骑兵的战斗力已经练了出来，作战技能与匈奴骑士不相上下，"恐匈症"在汉军中荡然无存。这次战役沉重打击了匈奴的主力，加上一出定襄的战果，汉军一共杀死匈奴精锐1.9万人，俘虏了2万有余，使匈奴本部精锐损失很大。汉武帝对这些匈奴俘虏都给以丰厚赏赐，然后妥善安置，衣食全部由汉朝地方政府供给，以此来分化瓦解敌军。同时汉武帝也对斩杀敌军首级的将士进行了封赏，为此动用了黄金20余万斤，主帅卫青获赏千金，未再益封。上谷郡太守郝贤四次随大将军出征，斩获敌军2000余名，封为众利侯，封邑1100户。张骞随从大将军出征，为大军做向导，熟知有水草的地方，使大军免于饥渴之虞，被封为博望侯。霍去病初出茅庐，勇敢善战，深入敌后，打掉了敌军的后方基

河南邓州市冠军城遗址　王春玲　摄影

河南邓州市冠军城遗址附近的霍去病衣冠冢
王春玲　摄影

地，汉武帝以其勇冠三军，浑身是胆，勇气可嘉，特地封其为"冠军侯"（所封之冠军城在今河南邓州市），封地1600户。这次汉军军费开支浩繁，以至于国库为之空虚，"大农陈藏钱经耗，赋税既竭，犹不足以奉战士"。

有赏就会有罚。右将军苏建全军覆没，只身逃回大营。如何处置苏建就需要主帅卫青拿出意见。议郎周霸建议说："大将军自出兵以来，还没有斩过裨将。今苏建弃军而逃，应当立即枭首示众，以树军威，否则以后谁还把军纪当回事呢？谁还会尊敬大将军呢？"军正闳、长史任安则持反对意见，他们说："兵法'小敌之坚，大敌之禽也'。今苏建将军以数千兵力抵挡单于数万，力战一日有余，不敢有二心，自归。自归而斩之，是示后无反意也。不当斩。"寡不敌众是战场上的铁律，苏建以区区三千兵力抵挡匈奴数万大军，全军覆没是很自然的结果。苏建明知回来会受到军法惩罚，但是他依然归来。如果将他处以极刑，那么以后打了败仗，谁还敢回来呢？卫青对众将说："陛下以肺腑之心待我，从来不顾虑我在军中没有威信，周霸劝我以斩苏建来树立我的权威，这不符合我的本心。即便我有权力斩杀部下将领，也不能自作主张。如果像我这样深受陛下宠信之臣，尚不敢擅自斩杀将士于境外，而将其送交天子裁决，这可以使其他人明白为臣子不能专权的道理。"诸位将领听完后，觉得非常有道理，也更加钦佩卫青的人品。于是，卫青命人将苏建送归朝廷处理。汉武帝得知了情况，赦免了苏建，贬为庶人。可见卫青的处置意见是正确的。后来苏建的儿子苏武出使匈奴，被扣留19年，始终不变节，在极边之地放牧，可见苏氏父子对大汉的赤胆

第三章　漠南蒙古　将星闪烁

忠心。

霍去病敢于长途奔袭，大纵深直捣敌人老窝的战法，正是他胜于其他汉军将领的地方，也是日后汉军作战所迫切需要的，从而得到了汉武帝的激赏。从此，霍去病脱颖而出，进入了汉武帝的视野，成为一颗冉冉升起的将星。

这次定襄作战，是处于战略相持状态下双方主力的一次大会战，双方损失都非常惨重。西汉政府花光了国库所储备的钱财和当年的赋税收入，但是仍然不能维持战争的开支。汉武帝从这一年开始设立武功爵，动员百姓出钱买爵，同时规定百姓犯罪可以通过缴纳赎金的方式减免罪刑，以此来增加政府收入，补充军需。

大汉帝国困难，匈奴更困难。如果说，以前的战役都是匈奴率先挑起，汉军再选择有利时机进行反击的话，那么经此一战，匈奴本部实力大减，再也难以组织大规模的兵力主动向大汉帝国发起挑衅。事实上，经过这次血战，匈奴基本上失去继续向西汉王朝频频发动大规模进攻的力量，匈奴单于的信心急转直下，率领本部人马退到大漠以北，养精蓄锐，从而把战场的主动权拱手让给汉军。可以说，这次战役应该是汉匈双方交战的转折点，汉匈双方战略态势上发生了根本转换。

当然，大汉帝国要真正赢得这场战争，还有漫长的路要走。毕竟匈奴还有一定的实力，匈奴撤退漠北，是一次战略退却，是听从了降将赵信的建议而做出的战略调整。赵信曾是汉军的重要将领，了解汉军的虚实，匈奴视之为宝。伊稚斜单于把自己的姐姐嫁给赵信，并为他建了一座城，称之为赵信城。赵信也向单于献策，要求将匈奴人畜、军队向漠北迁移，形成足够的战略纵深，诱使汉军深入，乘其远来极疲时，以逸待劳，再给予打击，一定会获得胜利。伊稚斜单于见汉军日强，便采纳了这个建议，下令撤离漠南地区，向漠北撤退。

阴山一线最早是游牧民族的乐园，这里降水比较丰沛，水草繁茂，自然条件好，非常适宜游牧民族生存，是匈奴的重要牧场，也是匈奴单于经常出游、田猎巡幸的地方。经过二出定襄之战,匈奴北撤漠北,从此失去了阴山一带大片领土,"阴山东西千余里,单于之苑囿也。自孝武出师,攘之于漠北,匈奴失阴山,过之未尝不哭"。①

而随着匈奴的北撤,形成了很长的战略纵深,汉军要想攻击漠北之敌,必须长途跋涉,穿越茫茫大漠。这对汉军而言,无疑增加了很大的难度,长驱直入,极易被敌人穿插分割。以前的作战模式不能适用了,不再构成对匈奴军队的威胁,必须探索新的作战模式。所以,对于汉匈两大帝国的生死较量,鹿死谁手,尚难预料。

---

① 《汉书·匈奴传》。

第四章

一战河西 独领风骚

汉武帝初登大位就有了切断匈奴右臂的宏大战略构想，可是这一构想从提出到实施，经历了很多波折，直到霍去病把这一构想变为现实，历时长达18年。汉武帝策划的一战河西走廊，更多的像是一场赌博，而战无不胜的霍去病在这场军事冒险中胜出，其不畏强敌、长途奔袭、勇猛突击的战术风格得到汉武帝激赏。从此，一颗将星冉冉升起，开始独当一面，成为与卫青齐名的帝国双璧。随着霍去病成为帝国的台柱子，卫青开始逐步隐退。

第一节　断其右臂费周章

元朔四年（前125年），汉武帝32岁，正是年富力强、精力旺盛、雄心勃勃的年纪。一个人的到来把汉武帝的雄心壮志刺激到无以复加的新高度，这个人就是张骞。

说来话长，那还是公元前138年的事，汉武帝刚满19岁，登基坐殿才3年，已经把对匈奴作战的事宜提上议程，准备还以颜色，一雪前耻。

怎么还以颜色是个战略问题。"天子问匈奴降者，皆言匈奴破月氏王以其头为饮器，月氏逃遁，而常怨仇匈奴，无与共击之。"远交近攻是老祖宗传下来的政治智慧，敌人的敌人就是朋友，这在任何时代都是真理，与敌人的敌人结盟是顺理成章的事。为了达到这个目的，就在公元前138年，离与匈奴撕破脸皮的马邑之谋还有5年之久，汉武帝曾有一个联合月氏、夹击匈奴的宏大计划。他做出了一个重大的决策，派张骞越过匈奴占据的河西走廊去西域，联络与匈奴有血海深仇的月氏人，结成军事同盟，从东面和西面同时出兵，形成两面夹击之势。可见，为了与匈奴决一死战，汉武帝深谋远虑，未雨绸缪。

从广义上来讲，西汉时期的西域，是指玉门关以西的广大地区，包括天山南北，葱岭以西的中亚、西亚等地区，范围极其广大，是泛指，没有精确的地理定位。仅就天山南北而言，形势就已经非常险恶复杂。天山北路降水充沛，

第四章 一战河西 独领风骚

草木丰茂，牛羊成群，是优良的天然牧场，当时已被匈奴占据，由匈奴右贤王和右将军管辖。天山南路因为受到昆仑山、天山的阻碍，海洋的水汽难以随风到达，气候干旱，降水很少，汉初这一地区散布着36个国家，总人口大约有30多万，大多从事农业，也有少数牧场零星分布，居民大多数在城郭屋宇里居住，几乎一个城堡就是一个国家，与游牧民族"天当房子地当炕"的生活方式完全不同，故称"城廓诸国"。从中原通往西域，也就形成了两条交通线，一条是从甘肃出玉门、阳关南行，沿着昆仑山北麓向西，经过且末（今新疆且末）、于阗（今新疆于田），至达莎车（今莎车），这是到达南道诸国的路线。还有一条也是出玉门、阳关后，转而北行，由姑师（今吐鲁番）沿着天山南麓向西行进，经过焉耆（今焉耆）、轮台（今轮台）、龟兹（今库车），到达疏勒（今新疆喀什），这是到北道诸国的路线。南北两道之间，横亘着一望无际的塔里木沙漠。张骞通西域前，天山南路诸国已被匈奴所征服，并在此设置了"僮仆都尉"，常驻焉耆，作威作福，向"城廓诸国"征收粮食、羊马。所以，南路诸国实际已成匈奴重要的物资补给线。

而张骞所要联系的大月氏并不在天山南北，而在葱岭以西，当时那里有大宛、乌孙、大月氏、康居、大夏等国。由于距匈奴相对较远，尚未直接沦为匈奴的属国，保持着一定的独立性。但无论是东方的汉朝还是西方的罗马对这些国家都还没有什么政治影响。所以，匈奴就成为唯一有影响的强大地区力量，上述诸国或多或少受制于匈奴。

以汉武帝的眼光来看，联合大月氏，沟通西域，打破匈奴的控制局面，并且建立起汉朝对该地区的威信，扩大影响力，确实是孤立和削弱匈奴，并最后彻底战胜匈奴的一个具有战略意义的重大步骤。

张骞的出使经历曲折百回，可谓书写了外交史上的传奇。在出使途中，被匈奴扣留了10年之久，并在匈奴娶妻生子，可是张骞始终没有忘记联络大月氏的使命。最后，张骞趁匈奴不备，逃离匈奴。他和战友取道车师国（今新疆吐鲁番盆地），进入焉耆（今新疆焉耆一带），又从焉耆溯塔里木河西行，经过龟兹（今新疆库车东）、疏勒等地，翻越葱岭，到达大宛（今费而干纳盆地）。张骞在大宛请了向导，在向导的带领下到达康居（今巴尔喀什湖和咸海之间），历尽艰难困苦，终于到达大月氏，见到了月氏的最高统治者。或许是慑于匈奴的兵威，或许是随着时间的流逝而冲淡了以前的血海深仇，又或许是月氏人找到了远比故国更好的生存家园，月氏人对张骞联合夹击匈奴的提议丝毫不感兴趣，也无意再去光复祖宗的旧河山。大感失望的张骞在月氏活动了一年之久，毫无结果，只好怏怏而归，途中又被匈奴扣留一年，直到公元前125年才回到长安。这时的西汉王朝已经与匈奴大打出手，数次交兵，杀得天昏地暗，日月无光。

回到长安的张骞给汉武帝打开了一个广阔无边的世界。这个世界如此壮阔而又美好：

"大宛国在我国正西方约一万里处。当地人定居，耕种田地，多产好马，马汗像血一样红（这引起了汉武帝极大的兴趣，于是有了后来贰师将军李广利征伐大宛的战事发生）；有城郭、房屋，与大汉相同。大宛国东北为乌孙国，它的东面为于阗国（今新疆和田）。于阗以西，河水都向西流入西海；以东的河水则向东流入盐泽（今罗布泊）。盐泽一带的河流在地下流淌，成为暗河（这让好奇心强烈的汉武帝啧啧称奇），往南就是黄河源头。盐泽距离长安约5000里。匈奴国的西界在盐泽东面，直到陇西长城，南面与羌人部落接壤，将我国通往西域的道路隔断。乌孙、康居、奄蔡、大月氏都是游牧国家，逐水草而居，风俗与匈奴一样，大夏国（今阿富汗东北）在大宛西南方，其风俗与大宛相同。我在阿富汗时，曾见到我国邛山出产的竹杖和蜀地的布，我问他们：'这东西是从哪里得来的？'阿富汗人说：'是我国商人去身毒（印度）买来的。"身毒在阿富汗东南

第四章 一战河西 独领风骚

约几千里之外,习俗是定居,与阿富汗一样。据我估计,既然阿富汗在我国西南1.2万里外的地方,而古代身毒又在阿富汗东南几千里外,且有我国蜀地的东西,说明身毒距蜀地不太远。如今我国去阿富汗,如取道古代羌人(青海一带)地区,道路险恶,羌人又相当讨厌;如从稍北一些的地区走,便会落入匈奴人手中。"①

今天我们可以想象君臣二人娓娓而谈乃至彻夜难眠的场景。世界竟然如此广大,除了汉帝国,还有大宛、大夏、安息(伊朗)等那么多的国家,如果争取到它们的归附,那么,大汉的疆域可以扩大千万里,远方的人将来朝见中土,风俗各异的国家将归入大汉版图,大汉天子的威德将遍布四海。这些话对于一向喜欢开疆拓土的汉武帝而言,可谓挠到了他的痒处,说到了心坎上,这是多么光辉的霸业啊。

且说,经过几次大规模的军事较量,匈奴本部接受西汉降将赵信的建议,把主力撤到漠北,与汉军展开了飘忽不定的游击战,左贤王部也收缩了战线,不再轻易出动。西汉与匈奴之间攻守易势,汉军基本上掌控了战场的主动权,西汉边境暂时解除了威胁。可战争的机器已经启动,就根本停不下来。随着张骞的归来,汉武帝的雄心壮志爆棚,很快将目光转向了遥远的西北。是的,斩断匈奴右臂的时候到了。

让汉武帝心目中念兹在兹挂念不已的"匈奴右臂"位于遥远的河西走廊。河西走廊东起乌鞘岭,西至玉门关,长约1000公里,南面是高耸入云的祁连山和阿尔金山系,北面则是连绵不断的马鬃山、合黎山和龙首山,南北两大山脉之间急剧下陷,形成了西北东南走向的狭长平原,最窄处仅数公里,最宽处则近百公里,形如长长的走廊,因位于黄河以西,又称河西走廊,大自然的鬼斧

---

① 《品〈通鉴〉:谋划经略西域》,54青年的博客,新浪微博。

大汉战神：霍去病传

神工造就了这一神奇地貌。虽说这里深处内陆，气候干燥，降水稀少，可是在祁连山4500米以上的高山上，覆盖着丰厚的永久积雪和连绵不断的冰川，每年春夏时节，山上的积雪和冰川就开始融化，顺着山川汩汩而下，在走廊里孕育了三大南北走向的水系，即石羊河水系、黑河水系、疏勒河水系，还有数不清的内陆湖泊镶嵌其间，波光粼粼，如同星河坠落人间。水是生命之源，有了水，世间万物都能生存，马鬃山、合黎山树木满山，绿荫遍地，祁连山也是峰峦叠嶂，森木葱郁。走廊里河流纵横，水草丰茂，森林广阔，在浩瀚无垠的西北大漠，如同美如仙境的世外桃源。冰川融水孕育了星罗棋布的绿洲，形成了大大小小的平原，以大黄山和黑山为界，分为石羊河流域的武威、永昌平原，黑水流域的张掖、酒泉平原和疏勒河流域的玉门、敦煌平原区域。这里曾是中原地区通往西域的咽喉。绿洲的发达，不仅为风尘仆仆的商旅提供了补充原料和长途跋涉的临时休整地，同时也为畜牧和农耕提供了无尽的源头活水。因此，这里是一块水草丰美、牛羊遍地的风水宝地。但谁也不会想到千百年后，这儿戈壁荒漠，风沙蔽日，竟会成为世界上最干旱、荒漠化最严重的地区之一。

这块宝地不断变换着主人，据说早在五帝时期，千里河西的黑水之滨就有人类活动的遗迹，留下了凉州的磨嘴子、马家窑文化，皇娘娘台、海藏寺的齐家文化，沙井子、暖泉的沙井文化等人类文明遗迹，说明了从那时起，远古先民就在这里繁衍生息。夏商时期，雍州、凉州等地是游牧部落犬戎的势力范围，河西走廊为西戎的驻地，西戎首领在此行使统治权。周武王灭商建立西周后，这里为北羌、马羌、西戎等部落占据，北羌、马羌、西戎都是中国古老的几个强悍部落，雄踞西北长达数个世纪，成为中原王朝的劲敌，在历朝典籍中屡屡出现它们的名号。西周时统治者分天下为九州，此地属雍、凉二州，旧称"雍凉之地"。周幽王时期，幽王改以嬖宠美人褒姒为后，其子伯服为太子，废掉正后申侯之女及太子宜臼。申侯借来戎兵，将周都镐京包围。周幽王连忙

第四章 一战河西 独领风骚

举烽火求援,但各地诸侯无一响应,周幽王被申戎联军打得大败,周幽王、虢石父、新立太子战败被杀,西周灭亡。

斗转星移,岁月变迁。西戎东迁后,千里河西又为氐羌所据。春秋时期,正当秦国人与中原及南方诸国你征我伐、杀得天昏地暗的时候,被中原人暂时忽略的河西走廊地区却是安安静静的。这里生活着两个游牧民族:月氏和乌孙。千里河西由乌孙、月氏两大部族共同享有,并以河西最大的内陆河黑河为界,月氏居东,乌孙居西,彼此相安无事。据学者研究,中原夏王朝被殷商族人推翻后,夏族四散逃难,其中有个夏朝的姻亲部落有虞族先迁雁门西,再迁至敦煌、祁连间定居,他们就是乌孙人的先祖,而月氏人也是来自中原的移民。无论这种说法可靠与否,至少在中原列国杀伐正酣的春秋战国时期,这两个民族已是河西的主人了,当时月氏人控制着河西的大部分地区,西至今敦煌,东至今武威,都是月氏人的势力范围;乌孙人则居住在河西走廊的最西端。战国后期,月氏的势力发展起来,"有控弦之士十余万",就渡过了黑河,打败了乌孙,乌孙王难兜靡被杀,乌孙人被迫西迁,月氏人把整个河西据为己有,这里成了月氏人繁衍生息的乐园。月氏人还在黑河西岸修筑起著名的昭武城,昭武城恰恰在河西的中心位置。当时的昭武城颇具规模,四面高墙,城内驻扎着控弦之士数万。城内非常繁华,食肆林立,皮货铺、肉铺、匠作铺、兵器铺、牛羊市、马市等,一应俱全,俨然一名城。月氏王王宫矗立在城市中心,俯瞰全城,月氏王居住在气派的王宫内,坐拥貌美如花的阏氏(王妃),身旁婢侍如云,这里成为名副其实的地区权力中心。公元前3世纪末,月氏与蒙古高原东部的东胡联手,从东西两面胁迫游牧于蒙古高原中部的匈奴,成为匈奴的劲敌,匈奴被迫向月氏称臣纳贡。日后赫赫有名的冒顿单于也曾经作为人质在昭武城生活了一段时间。西汉前期为月氏的鼎盛时期,西汉商人千里迢迢,把生意做到了这里,月氏商人也向内地求财,并在安定郡鹑阴县(今甘肃靖远)开辟"月氏道",月氏商队可由此过黄河直达长安,驼铃声声,回响在远古商道上。

不过，老话说得好，三十年河东三十年河西，风水总是轮流转，由此衍生出连环不断的冤冤相报与家国情仇。月氏人赶走了乌孙人，独霸了河西全境，遂了心愿。然而好景不长，月氏人还没来得及过上几年清静日子，就遭到匈奴人的强烈攻击，遭遇了与乌孙人相似的命运。强大起来的匈奴不但对汉朝构成了威胁，更给月氏带来了灭顶之灾。冒顿单于先打败了东边的东胡，匈奴骑兵乘灭东胡之威，像洪水一样从蒙古高原倾泻下来，冲入河西走廊，对月氏进行武力攻击，月氏人难以抵抗。冒顿单于命令匈奴右贤王全面攻击在河西走廊居住的月氏人，月氏人难以撄其锋，连连向西败退。到了老上单于时，匈奴人再接再厉，再次大举进攻，重创月氏，匈奴攻占昭武城，一举杀掉月氏王，并用月氏王的头骨制作饮器。在残暴的匈奴大军冲击下，月氏部落星散，大部分离开了世世代代繁衍生息的土地，举族向西逃亡，然后在伊犁河、楚河流域停了下来，以后又迁到阿姆河流域。沃野千里的河西走廊遂被匈奴收入囊中。从此，匈奴人在这里繁衍生息。河西走廊有两道山脉挡住寒流，气候比较温和，土地肥沃，水源充沛，是一片水美草肥的大牧场，远不像匈奴人的老家漠北那么寒冷多雪。匈奴人将大批部众迁入河西，划分地界，成为他们的乐土，形成了大大小小几十个部落，如折兰王、休屠王、卢胡王、酋涂王、稽沮王、呼于屠王、遬濮王等，各拥部众，以右贤王为权力中心，一呼百诺。其中两个最有实力的部落是右贤王的血缘近亲，一个是浑邪王，住在西城，统驭今酒泉、张掖、山丹一带，拥有祁连山下最好的一片牧场，势力也最强大；另一个是休屠王，其王庭在谷水中游，管辖今甘肃武威一带，拥有谷水中下游大片牧场。匈奴人准备在这里长久安家，踏踏实实过日子。

遥遥千里祁连山里，处处皆是草深林密的天然牧场。匈奴族的牧人们散居在各个山谷里，自由自在地放牧、狩猎，整个河西走廊大约生活着10万之众的匈奴人，约占匈奴总人口的二十分之一，拥有能战之师4万余人，是相当可观的

第四章 一战河西 独领风骚

一支侧翼力量。

匈奴人利用优越的自然条件,把河西走廊打造成为支持战争的重要物资供应基地。匈奴诸王利用优越的自然条件,在千里河西放牧牛羊,饲养马匹,生产军粮,对过往商旅课以重税,开设生产兵器和生活日用品的铁木制造厂,制造车辆以及矛、弓箭等武器,源源不断地支援匈奴本部发动大规模的掠夺战争。

河西地区东有黄河天险,南北有高山阻挡,西控通往西域的交通要道,易守难攻,进退自由,为匈奴采取军事行动提供了许多便利的条件:北可直接与单于庭联系,南可与羌等少数民族结为军事联盟,西可统领西域诸国,东可侵扰汉朝的西北边境,劫掠人口。

不仅如此,河西走廊还是匈奴人监视西域诸国并切断东西方联系的战略控制点。河西走廊以西的西域地区共有36个国家,南北为大山,中部有河流,东西长6000余里,南北宽千余里,东部与汉朝的玉门、阳关相连接,西部直到葱岭。西域各国都受匈奴统治。匈奴西部的日逐王设置了僮仆都尉统辖西域各国,常驻于焉耆、危须、尉黎一带,向西域各国征收赋税,掠取各国的财富。西域诸国无不唯匈奴马首是瞻,仰其鼻息,匈奴对他们诛求无已,勒索不止,作威作福,成为实际上的统治者。西汉王朝要想沟通西域诸国,必须打掉这个拦路虎。

更让汉武帝如芒刺在背的是,匈奴利用河西的力量勾连和控制羌、氐人,从西部对西汉造成实实在在的压力。羌族的原始分布地在河西走廊之南,洮、岷二州之西。分布的中心在青海东部,古之所谓"河曲"(黄河九曲)及其以西以北各地。氐族处于汉、羌两族之间,氐族的原始分布地在今甘肃东南、陕西西南、四川西北地区,即汉时的武都、天水、陇西、广汉等郡一带。羌、氐人部落众多,各有豪帅,没有形成统一的政治力量,唯其如此,他们才更容易被分化拉拢。如果羌人、氐人成为西汉的敌对力量,那么西汉王朝不仅在北面遭到匈奴的攻击，而且西边也将承受着沉重的压力，可谓两面受敌，处境极为凶险。

作为雄才大略的战略家，汉武帝非常明白其中的利害关系。河西作为西汉出击匈奴的前沿基地，同时又是西汉经营西域的后方阵地，拔掉河西这颗"钉子"，切断匈奴与羌人的联系，同时打通丝绸之路，沟通与西域诸国的联系，不但可以获取"天马""奇物"，更可以招徕西域各族，利用当地各族之间的矛盾孤立匈奴，以"断匈奴右臂"，对匈奴形成有效钳制。祁连山北麓原来有匈奴最大的马场，夺取这一地区又可以为汉朝补充军马，为日后向漠北的匈奴单于、左贤王部发动进攻创造良好的条件。因此，汉武帝决定把主战场转移到西北地区，夺取河西之地，以解除汉朝西部边境的威胁，并为进一步经营西域、北击匈奴奠定基础。

张骞西域之行表明了月氏指望不上，可决心已定的汉武帝决定凭自己的力量拔除河西走廊这颗"钉子"。出击河西走廊的计划在汉武帝心中逐渐成形了。

第二节　长驱河西若等闲

决心已下，剩下的只是时机问题。经过河南地、定襄几次战役的激烈较量，匈奴单于损失惨重，马踏长城，饮马黄河的信心完全失去，他听从了汉军降将赵信的建议，将主力撤到大漠以北，试图以逸待劳，在漠北迎敌；大漠以南的广大地区，仅剩下匈奴左贤王和河西的浑邪、休屠二王等主要人物。东部的左贤王部虽然没有遭到重大打击，仍不断袭扰汉边，但规模不大，在匈奴本部远撤漠北后，缺乏本部配合，难以有所作为；更重要的是匈奴右贤王的主力被消灭大半，成为残破之军，士气低落，战斗力极为低下，不得不向西北收缩，大部分龟缩在科布多地区和杭爱山西北端的乌里雅苏台一带。作为右贤王属地的河西走廊门户洞开，就成为孤悬西域的一块地方，成为汉军最好的首选打击目标。此外，汉军从未对河西敌军采取过军事行动，河西敌人一向处于和平环境之中，浑邪、休屠二干多年来又一直把主要精力集中在控制西域和西羌之上，对汉军并不怎么注意，麻痹人意，汉军进行突然袭击，打他个措手不及，容易取得战果。

公元前122年，是个祥瑞之年。皇长子刘据已经6岁，被册立为太子，汉帝国有了法定的继承人，普天同庆，大赦天下等花样剧本陆续上演。更凑巧的是，当年10月，汉武帝巡幸至雍州，祭祀于天，捉到一头长有一只角、五个蹄子的怪兽，没有人知道这是个什么东西。这时王朝的"拍马屁系统"启动了，主管官员奏道："陛下祭祀虔诚，上天作为回报，赐陛下独角之兽，这大概就是传说中的麒麟，这是天降吉祥啊。"于是，将独角兽献于五祭坛，供奉上天。主管官员继续拍马，又奏道："帝王的年号应用上天所降的祥瑞定名，而不宜使用一、二等数字，陛下第一个年号称'建'，第二个年号因长星出现而称'光'，此次郊祀得到一头独角兽，所以应称'狩'。"于是该年改称"元狩元年"。当时的济北王刘胡认为皇上将要前往泰山封禅，祭祀天地，也很知趣，便上书朝廷，表示愿献出泰山及其周围城邑。汉武帝很高兴，为嘉奖他的行为，将别的县划给他作为封地，以示补偿。

不过，元狩元年还发生了淮南王刘安和衡山王谋反的事，因受牵连而被处死的列侯、二千石官员及地方豪侠人物数万人。淮南、衡山两件大案子，虽然因内部内讧而没有掀起多大的风浪，但是无形中推迟了汉武帝筹划已久的军事行动。待这些事情处理完毕，元狩二年到了，出击河西走廊的计划不能再拖下去了。

汉军从未与河西之敌交过手，除了张骞出使西域的"凿空之举"，绝大多数将领对于河西走廊的敌情、地形、地貌、风土民情如同雾里看花。如果过于谨慎迟缓，则可能使敌人有所准备，并引起其他战线敌军的联动，形成对峙，就会造成被动，再打就难了。这一仗不打则罢，战则必胜，快刀斩乱麻，最起码要把敌军打残，为最终收复河西走廊创造有利条件，因此，必须选择能征敢战之将作为统帅。打好这一仗，统帅是关键。说实在话，经过多年与匈奴的军事斗争与战火磨炼，汉军中能征惯战之将不在少数，如曾经服侍过刘家三朝的骨灰级战将李广等人，还有在汉武朝勇立潮头多次立功的卫青，都是统帅人选。可是，由于多年征战，师老兵疲，将帅谨慎有余，闯劲不足。经过再三权衡，汉武帝都在心中一一否定了，最终，他选择了年少有为敢拼敢杀的将领霍去病。

第四章 一战河西 独领风骚

其实，汉武帝的选择并未得到时人的认可。与当时的大多数汉军宿将相比，霍去病从军打仗只有一次，是作为票姚校尉身份出征的，连个杂号将军都不是，阅历浅，资历更浅。这样的资历怎么能作为统军主将，这不是拿着军国大事当儿戏吗？

也许为了加重霍去病的威权，元狩二年，在进军河西的行动开始之前，汉武帝干脆特地设置骠骑将军这个职位，并把它授予霍去病，这是历史上第一次出现的将军名号。按照汉武帝时期军队形成的惯例，将军等级高低如下：第一为大将军，第二为骠骑将军，第三为车骑将军，第四为卫将军，再往下就是前、后、中、左、右将军，这些都是可以统率一支军队独立出征作战的将领，最后则是杂号将军。由此可知，霍去病由校尉一跃成为军队等级序列中的二号人物。对于一个20岁的青年越级提拔，可见汉武帝对霍去病寄了厚望。

这就是胸中充盈英雄气概的汉武帝的用人风格，霍去病就是他用来收拾河西走廊的快刀。事实证明，汉武帝没有看走眼。

"校尉征兵出塞西，别营分骑过龙溪。沙平虏迹风吹尽，雾失烽烟道易迷。"兵机一动，刻不容缓。元狩二年春，春寒料峭，北风肆虐，千里黄河依然冰封如故。车辚辚，马萧萧，骠骑将军霍去病率领1万虎狼之师，从陇西（今甘肃临洮）出发，从黄河河面踏冰而过，过金城（今甘肃兰州西北）、令居（今甘肃永登西），渡过乌亭逆水（今庄浪河），一路风餐露宿，来到了乌鞘岭。

以河西走廊的地形来说，乌鞘岭无疑是阻击汉军的第一

霍去病墓旁的《马踏匈奴》石雕　刘宏　摄影

大汉战神：霍去病传

道防线。乌鞘岭位于祁连山脉北支冷龙岭的东南端，东西绵延17公里，南北宽约10公里，最高峰毛毛山海拔4070米，山顶"盛夏飞雪，寒气砭骨"，像一条巨龙横亘在河西走廊西口，龙头在西，龙尾在东，头高尾低，蜿蜒曲折，素以山势峻拔、地势险要而驰名，把河西走廊堵了个严实，成为陇中高原和河西走廊的天然地理分界线，也是季风所能到达的最西点。乌鞘岭北面的雷公山挺拔高耸，南面的牛头山则是云雾缭绕，乌鞘岭的北段突然下陷，形成了一条长30公里、宽不足半公里的险关隘道，这就是号称"金关银锁"的古浪峡，两侧壁立千仞，如同刀削斧劈，垂直而下，仰视天空如坐井底，煞是险峻，是进入河西走廊的门户和咽喉，可谓一夫当关，万夫莫开，地理位置十分重要。史家曾称"河西之战十有九战于古浪，古浪之战，十有九战于古浪峡"，可见是兵家必争之地。可是，对于如此重要的军事要冲，当时河西的匈奴竟然没有派兵驻守，可见，这里的匈奴人长期以来过着无忧无虑的太平日子，一向缺乏戒备，对汉军的到来茫然不知，由此也可看出汉军行军之速，从而为霍去病纵横河西创造了绝佳的战机。

为避免被匈奴军和羌人所发现，汉军沿古浪峡急速进军，穿过古浪峡，河西走廊豁然呈现在大军眼前。翻过大斗拔谷就是匈奴遬濮部的营帐，这是汉军遇到的第一股敌人。遬濮部是河西匈奴的一个小部落，拥众数千。遬濮部落虽然人数不多，却是匈奴名门望族，经常与单于本部贵族保持着联姻关系，也是匈奴战马的最大供应地。它利用河西优越的自然条件，常年在边地草原放牧养马为生，匈奴军队的骑兵所需战马多数由遬濮部提供。因此，对于匈奴而言，其地位非常重要。此时正是初春时节，牲畜繁衍生息，遬濮部落族人日夜忙于接羔放牧，人困马乏，毫无防备。汉军纵马突击，个个争先，一拥而上，杀死遬濮王，遬濮王部众狼奔豕突，丢盔卸甲，四散逃命。

霍去病对逃散的敌兵不屑一顾，纵兵继续西进，越过狐奴河（今武威石羊河），经过苍松、鸾鸟、小张掖，沿途一路向西扫荡，顽抗者杀之，顺从者

第四章 一战河西 独领风骚

赦之，对其财产与子民一概置之不问，只管纵军深入，如同风卷残云，无人敢挡，接连扫荡了走廊内的5个匈奴小部落，向西驰骋1000余里，直奔焉支山（今甘肃山丹大黄山，亦称燕支山），目标指向河西走廊势力最雄厚的浑邪王部落。

浑邪王统治河西的西部，控制着张掖黑河流域，大约是当今甘肃酒泉地区，是原大月氏的核心控制区，浑邪王依然以月氏人在黑河西岸修筑起的昭武城为王城。汉军如同神兵天降，当时浑邪王部根本没有料到汉军会长途奔袭至此，慌乱之中，四处逃命，汉军一举俘虏了浑邪王子及其相国、都尉等官，浑邪王打马落荒而逃。这是霍军进军河西走廊的最西点。霍去病接着挥师向东，连续攻击扫荡休屠王的领地。休屠王管辖河西东部，控制着石羊河流域，大约当今甘肃武威地区。休屠王城依石羊河而筑，城南北长约400米，东西长约200米，有里外两重城，自成一片天地，这对于习惯于住营帐的匈奴人可谓是个异数，只能说他们继承了以前月氏人的居住习惯。汉军铁骑如风，往来冲杀，猝不及防的休屠王战败逃走。慌乱中，休屠王的祭天金人都被弃置不顾，被汉军缴获，后被霍去病带回，作为战利品送到长安。对于汉人来说，祭天金人不算什么，但对于靠天吃饭的匈奴人而言，却是一件至关重要的礼器。祭天是匈奴的头等大事，体现了游牧民族敬畏天地尊重自然的情怀以及祈求风调雨顺的良好愿望。匈奴人每年正月和五月都分别在单于王庭和龙城祭祀天地鬼神，祭天金人作为其民族的精神象征或精神寄托，成为一种图腾，象征着力量与强大，是不可缺少的礼器，重要性不言而喻，匈奴单于专门把祭天金人交给休屠王保管。祭天金人的丢失对于匈奴人而言意味着什么，也就可想而知了。所以，匈奴单于对失去祭天金人极为不满，准备斩杀休屠王、浑邪王，这成为他们降汉的一个导火索。

为此，汉武帝命人把祭天金人放置于陕西淳化西北甘泉山的甘泉宫内。甘泉宫建在甘泉山上，这里山高林密，空气清新，气候适宜，风景优美，是秦汉乃至隋唐时期的避暑胜地。"周回十九里一百二十步，有宫十二台十一"，规模仅次于长安未央宫，是西汉皇帝的行宫之一。另有记载说甘泉宫遗址"宫殿楼观略与建章相比，百官皆有邸舍"，可见朝廷百官也时常往来盘桓。汉朝刘歆的《甘泉宫赋》中写道："离宫特观，接比相连。云起波骇，星布弥山。高峦峻阻，临眺旷衍。深林蒲苇，涌水清泉。"汉武帝一生多次巡幸甘泉宫，防外侮、巡边境始终是其一生的重要活动内容。在甘泉宫专门修建了休屠、金人、径路神三座祠堂，汉武帝的用意非常明显，就是借此羞辱匈奴，夸耀武功。

话说河西的匈奴军队在汉军的连续打击下，终于清醒了过来，在浑邪王和休屠王的连续敦促下，匈奴部落军队开始集结，整军来战，汉匈两支军队相互寻战，在皋兰山下两军终于相遇，展开了激烈的对决，这是西征路上汉军打的最大的一场战役。

皋兰山是今天张掖地区高台北的合黎山，位于河西走廊中部，山北是浩瀚无垠的沙漠，山南隔着河西走廊与祁连山遥遥相对，山上林木青翠，郁郁葱葱，是上古传说中神话人物生活的仙境。据说周穆王驾着八骏之乘拜见西王母于昆仑山瑶池之上，留下了一段美丽的爱情传说，所谓的昆仑山指的就是皋兰山。可是此时这里却是杀气弥漫，仓促集中起来的2万河西匈奴能战之师已经严阵以待，寒风阵阵，号角声声，惊天动地，旌旗蔽日，摄人心魄，看来匈奴军要与汉军一决雌雄，拼个你死我活。

狭路相逢勇者胜，尽管汉军已经在河西连续作战，纵横驰骋了四天之久，将士疲惫，战马消瘦。可是面对占优势的敌人，如果不鼓足勇气，拿下这一仗，那么整支队伍可能就被匈奴完全消灭在皋兰山下。霍去病深知这个道理，所以他重振精神，奋马扬鞭，手挥战刀，率先向敌阵冲击，汉军将士紧紧跟随主帅冲杀，个个奋勇，人人争先，在战场上杀作一团，可谓刀光闪闪，箭如飞蝗，喊杀声、惨叫声不绝于耳。霍去病手下偏将赵破奴遥遥望见敌阵中一人骑

第四章 一战河西 独领风骚

着高头大马,身穿貂裘,头戴锦帽,身边拥簇着十几个卫士,在阵中指挥,不断敦促士兵冲击。他连忙挽弓搭箭,正所谓弯弓如满月,箭去似流星,一箭将其射落马下。匈奴军队攻势顿挫,接着阵脚大乱,一些匈奴骑兵开始打马而逃。汉军趁势发起总攻,匈奴军队溃不成军,四散奔逃,到处旌旗散布,尸横遍野。经过清点战场,询问俘虏,知道被赵破奴射杀的是折兰王,另外卢侯王也被乱军所杀。浑邪王、休屠王则在卫兵的护卫下逃走。

打败了匈奴军队的围追堵截,霍去病收拾兵马,沿着原路撤军。一路上风清月朗,凯歌而归,再无战事。

"六日破五国,胡尘千里惊。"这是一场艰苦卓绝的孤军远征。没有后续援军,没有后勤保障,1万汉军孤军深入,用了区区6天时间,转战千余里,如同飓风一般,来去自由,踏破匈奴5个部落,深入匈奴境内1000余里,几乎洞穿了整个河西走廊,杀死了折兰王和卢侯王,抓获了浑邪王的儿子及匈奴相国、都尉,缴获了休屠王的祭天金人,歼灭匈奴生力军8900多人,取得了一系列的胜利,给河西匈奴军以沉重的打击。汉军虽然取胜,然而劳师远征,自己也损失了7000多人,1万精锐只剩不到3000人,可谓杀敌一千,自损八百,付出了重大的代价。

第三节　长途奔袭奏奇功

霍去病班师回朝，虽然折兵过大半，七千精兵魂归河西，但是汉武帝却兴奋异常，对霍去病抚慰备至，大加封赏，并昭告天下，益封2000户给霍去病，以表彰他首次独立出征建立的功勋。

汉武帝为何如此偏爱霍去病，以致有赏罚不明的嫌疑呢？

首先，这是汉武帝的一次军事试探行动。由于当时汉军对河西的地理和敌情了解不多，所以汉武帝只以万骑出征，深入虎穴，没有任何偏师的战术支援，相对于以前汉武帝动辄出动数万大军，而且多路发动的历次军事行动，这次毫无疑问带有一定程度的试探性，显然是带有为日后的大规模出兵进行侦察，同时也是对霍去病能力的一次测试。要想犁庭扫穴，拿下整个河西走廊，还需要更大的军事动作，这在汉武帝心中已经是成竹在胸了。

其次，这次军事行动充分展示了霍去病的军事指挥才能，那就是不畏强敌，长途奔袭，勇猛突击。而这正是老成持重的将领所缺乏的特质，这对于急切需要新鲜血液补充汉朝将领队伍的汉武帝而言，可谓得其所哉，遂其心愿，得一将才胜于十万雄师，所以汉武帝兴奋之情难以形容。

西北用兵有着特有的规律。后世兵家左宗棠曾经说过，西北用兵，以筹集粮草为先手，即兵马未动，粮草先行，这是历代兵家所遵循的规律。所以，他

第四章 一战河西 独领风骚

在西北用兵时,往往后勤准备非常充分,计划十分周密,即所谓的"缓进";可是一旦战争打响,左氏就采取"急战"姿态,马不停蹄,如同秋风扫落叶,日夜追杀,使敌人完全没有喘息之机。在收复新疆的军事行动中,老于西北兵事的左宗棠用了整整3年时间,而其中真正用于作战的时间不过4个月,大量的时间花费在战争准备上。

兵无常势,水无常形,运用之妙存乎一心。考察霍去病的首次河西之战,具备着这样几个特点。

第一,在出兵时机上有很强的选择性。匈奴人以游牧为生,居无定所,其生存状况严重受自然环境的制约,他们抵御自然灾害的能力也很弱,遇到寒潮和暴风雪、旱灾、蝗灾,牲畜都会大量冻死、饿死,牧民也饥饿不堪,濒于绝境。从前文所述我们可以看出,匈奴等北方少数民族出兵在时间的选择上具有一定的规律性,一般选择在秋季,这时秋高气爽,草壮马肥,即便不出兵,也是他们在草原上打猎狂欢的时节。西汉与匈奴开战以来,匈奴基本上选择在秋季发动进攻,秋天马肥膘壮,适合征战,而且通过战争可以掠夺大批财富,以迎接苦寒冬天的来临。所以,每到秋天,也是汉朝边关加强警戒的时候,"四面边声连角起,千嶂里,长烟落日孤城闭"。即便白昼也是关闭城门,拉起吊桥,防止匈奴骑兵的突袭。经过一个冬天的煎熬,到了春天时节,马匹消瘦不堪,这也是马背上的民族最虚弱的季节,而且他们忙着给牛羊接生,日夜忙碌,可谓人困马乏。霍去病这次出兵,正是在匈奴马力疲弱之际发动的,在时机选择上非常精准用心。

第二,这是一次比较成功的战术奇袭行动,是一次远距离的军事突击。

首先,首次出征河西是一次单刀直入的战术突击。没有任何友军进行战术配合,也没有后路援军增援,一万汉军孤军深入,深入敌后,打了一场漂亮的闪电战。在整个战斗过程中,用了区区6天时间,孤军深入河西腹地1000余里,纵横驰骋,冲杀突击,快进快出,来去如风,打得敌人措手不及,人仰马翻,狼奔豕突，根本找不着北。汉军在取得战果后，不恋战，不纠缠，迅速回师，进退自如，可谓痛快淋漓。

其次，这是一次不要后方不要补给的军事突击。以往汉军的行动往往征发大量步兵参加，主要任务就是负责骑兵部队的后勤补给。而这次参加河西走廊行动的汉军全部是骑兵，没有步兵和车兵配合，在保证达成部队迅速行动的同时，也给军队的补给带来困难，6天时间虽短，可将士需要吃饭，马匹需要草料。但是这次闪电战，不要补给，不要后方，大踏步地前进，深入虎穴，没有后勤支援，唯一的解决办法就是取食于敌。好在汉军第一次在河西走廊展开军事行动，敌人完全放松了警惕，牛羊遍地，汉军可以利用。但是，时间一长，势必难以持久，因此从这个因素上来说，注定了这是一次时间难以持久的军事突击行动。

第三，这次战役把骑兵的作用发挥到了极致，为以后汉军的骑兵远距离作战创造了战法，积累了经验。在秦汉时期，骑兵并不是一个成熟的军兵种，战术素养及运用与北方的对手有一定的差距。从军事史上来追根溯源，在中原战场上，车兵部队是最早发展也是最成熟的军兵种，有过一段风风光光的岁月。相传木制战车是夏朝的车正奚仲发明的，他打造的战车坚固耐用，已能用于野战。商汤讨伐夏时，商军出动战车70乘，以鸟阵雁行之势，直捣夏都，一举灭掉夏王朝。春秋战国时期，周天子作为天下共主的荣光已成明日黄花。诸侯争霸，群雄并起，中原一片狼烟。大平原的鏖兵逐鹿，使战车的威力得到了淋漓尽致的发挥。春秋是车战的鼎盛时代，以车为主，车、步合编，随着战争的需要和兵员的扩充，车属步卒由10人、30人一直增加到72人。战车在战场上昂首阔步，八面威风，成为挑大梁的角色。战车的多少，代表了一个国家国防力量的强弱。中原诸国为了取得战略上的优势，纷纷不惜血本，组建自己的车兵部队，于是就出现了不少"千乘之国""万乘之君"。战车一般由2匹马牵拉，也有用4匹马牵拉的。车上配备甲士3名，左边的甲士执弓远射，右边的甲士执

第四章 一战河西 独领风骚

戈、矛近战，中间的负责驾车冲锋。战车进攻时，可以冲锋陷阵，打乱敌人的战斗队形；防守时可以布成阵垒，抵挡敌人的进攻，能攻能守，战斗力很强。据当时的兵家测算，一辆战车可以抵挡敌步兵80人。在绵延几百年的战争中，每次大战都有数百甚至上千乘战车参加。战车虽然攻守兼备，威力巨大，但也存在着战术上的软肋，那就是呆板笨重，转动不灵，只能在平原旷野上使用，在丘陵山地就难以发挥作用。进入战国以后，步兵成为独立的兵种，并取代车兵而居于主导地位。晋国大将魏舒在一次作战中，把车兵改为步兵，这就是有名的"毁车以为行"，也是车战开始走下坡路的信号。不过，在秦汉战场上，车兵依然拥有一定的地位。

骑兵在中原地区的应用应该始于战国时期的赵武灵王。赵国地处北部边陲，东北同东胡相接，北边与匈奴为邻，西北与林胡、楼烦交界。这些部落都以游牧为生，长于骑马射箭，常以骑兵进犯赵国边境。赵武灵王看到胡人穿窄袖短袄，生活起居和狩猎作战都比较方便，作战时用骑兵、弓箭，来如飞鸟，去如绝弦，与中原的兵车、长矛相比，具有更大的灵活机动性。为加强边防，于赵武灵王下令"胡服骑射"，穿胡人的服装，学习胡人骑马射箭的作战方法。他力排众议，带头穿胡服，骑胡马，练射箭。后来赵国攻下原阳（今内蒙古呼和浩特东）后，把它改作"骑邑"，以训练骑兵，由车战向骑战的转变，建立起汉民族最早的一支骑兵，使赵国军事力量日益强大，西退胡人，北灭中山国，成为"战国七雄"之一。赵武灵王实行军事变革的成果，不仅使汉民族开始把马运用到战争中，建立起能够同马背民族相抗衡的骑兵，在社会上也养成了纵马扬鞭的尚武之风，到汉武帝时代创造出农耕文明击败草原文明的战争奇迹。因此，后人称颂大汉雄风张扬大汉国威时，不能忘记赵武灵王作为"骑兵开创者"的奠基之功。

从那个时候算起，中原王朝开始发展骑兵也不到200年的时间，转型是比较慢的。到秦朝统一六国后，军队仍然分为轻车（车兵）、材官（步兵）、骑士（骑兵）、楼船（水兵）四个基本兵种。车兵虽已不是军队的主体，但仍然是战斗编组中不可缺少的一个重要兵种。步兵是秦代军队构成中的主体，在平原旷野依然强调以步兵为主的车、步、骑协同作战。秦代及西汉前期的骑兵和战国时的骑兵一样，尚处于发展的初级阶段。从军制史的角度而言，汉武帝时期是中国军制史上由步骑并重向以骑兵为作战主体这一重大转折得以完成的重要阶段。此前是骑兵与步兵并重，此后则由骑兵完全取代步兵，进而成为汉代军队的主力兵种，而步兵则沦为辎重兵，为骑兵转运粮草。大规模使用骑兵集团，快速机动，长途奔袭，是汉军战胜匈奴的主要原因之一。

当然，这一转换是艰难的，付出了无数的头颅和鲜血。汉朝前期，骑兵作为一个高技术兵种，与马背上的少数民族骑兵相比，无论是骑兵的养护、训练以及骑兵战术的运用，都与对手不在一个层次上。当时虽然有马鞍，但是还没有马镫，骑兵处于两脚悬空的状态，脚没有着力点，两腿必须紧紧夹住马身，不利于骑兵在马背上来回转换姿势进行格斗。同时，用于马上斩劈的厚背长刀在当时也还没有发明（东汉时期才出现用于劈刺砍杀的环首刀），以当时的兵器而论，汉军惯用的长柄的击刺性兵器矛、戈、戟，在马上进行击刺容易导致骑兵重心不稳，而且由于兵器过长，在马上挥动不便，难以发挥战斗力，而短柄的剑虽然在西周就出现了，但是由于剑身的长度和重量都不够，在与敌人进行马上交锋时，很难伤及敌人。因此，当时马上交战的利器非弓箭莫属，弓箭短小精干，便于携带，又可以击远，使用非常方便。而射箭是游牧民族骑兵的长技。汉军要想像胡人那样，在马上腾挪飞跃，弯弓射箭，灵活自如，就需要很长的训练时间。这也是中原王朝骑兵逊于北方民族以致畏战怯战的原因所在。

而河西之战的汉军骑兵体现出不一般的军事素养和特质，完全掌握了骑兵战术的精髓所在，这是汉军打败匈奴军队的要点。从此，汉军骑兵一样能够冲杀突击，军事素质完全可以与匈奴骑兵不相上下，平分秋色。这是一个巨大的质的飞跃。更重要的是，河西之战的意义在于它创造和丰富了骑兵作战的新战

第四章 一战河西 独领风骚

法,即长驱直入,远程奔袭,这是河西作战的巨大收获,从此长途奔袭战术获得朝野上下的普遍认同。战场空间因为骑兵的运用开始无限扩大,时人的军事视野也随之放大,以至于后来有了漠北大战的疯狂构想。

第四,这次战役完美演绎了霍去病的战术风格。

首先,作战风格大胆,敢于冒险。河西会战中,汉军不过1万人,而匈奴的浑邪、休屠两部却有10余万众,汉军无援军,可谓孤军冒进,深入虎穴,实为用兵大忌。汉武帝的战略计划确实很冒险,也正因为冒险,所以汉武帝在人选上踌躇再三,最后选择了同样喜欢冒险的霍去病。也许,汉武帝的这次河西之役任用年仅20岁的霍去病为主帅,单独统兵进击河西多少有些试探的成分,让霍去病去放手一搏,碰碰运气,带有赌博的色彩。而仅仅在一次战役中亮相的霍去病,其战场表现无疑很对汉武帝渴望突破的胃口,是以大胆提拔,放心使用。霍去病用顽强的战斗作风,高歌猛进,迅速突击,一路追击,六天中转战五部落,长驱直入,高歌猛进,集中优势兵力攻破河西的五个部落,使敌人措手不及,来不及组织兵力进行反击,弥补了孤军突进的缺陷。在这里与其说霍去病喜欢冒险,不如说汉武帝本人更喜欢冒险,结果大获全胜,战果辉煌,取得空前的成功。

其次,霍去病战术风格凶狠泼辣,能打硬仗,勇往直前,作风顽强,攻击力迅猛无匹,具有压倒一切敌人的英雄气概,在河西战役中再次得到检验。

茂陵博物馆展出的《霍去病将军征战图》
于博文 摄影

大汉战神：霍去病传

"晓战随金鼓，宵眠抱玉鞍。"河西之战并非全是讨巧，也有硬碰硬的对拼。皋兰山一役就是双方主力真正的血与火的较量，生与死的拼杀，霍军以少打多、以疲打逸，以顽强的战斗意志和血战到底的决心带领全军前赴后继、奋勇拼杀，力斩卢侯、折兰二王，取得了战斗的胜利。这一仗可谓是试金石，汉军打出了信心，打出了威风，打出了狠劲，从此树立起顽强、勇猛、凶悍的战斗作风，形成了战至最后一兵一卒也绝不后退半步的强悍风格。此战从精神上彻底摧毁了河西匈奴将士的抵抗意志，使其畏惧汉军如虎，为后来的第二次河西战役打下了精神基础。

再次，战术灵活，快速应变。霍去病在河西之战中能够随机应变，避实就虚，用兵灵活。霍去病根据匈奴兵力分散的弱点，以迂为直，避实击虚，逐个击破，在运动中屡出重拳，闪击制胜，打得匈奴人晕头转向，摸不着头脑，使匈奴对于其神出鬼没的运动战很不适应，完全陷入被动挨打的局面。汉军高速推进，勇往直前，使敌人根本无法做战争准备，摧枯拉朽般将河西诸小王纷纷击溃。河西大捷为汉军的大兵团长途奔袭战术提供了可贵的实践机会，也证明了该战术的正确性。

最后，军事行动高速快捷，效率高。河西之战6日之间转战1000多里，大军每天需要奔驰200里，除去必要的休息时间，可以说创造了汉军骑兵行军的纪录。为了加快行军速度，霍去病在穿插分割并包围河西匈奴部落后，顽抗者杀之，投降者赦之，并不抢掠他们的财产与子民，如同狼入羊群，拼命撕咬，来不及进食，而是咬死一只，就迅速扑向下一个目标。汉军骑兵来去如风，高速推进，如入无人之境，让顽抗的匈奴正规军很难发动有组织有计划的反击。

这是汉朝对河西的第一次用兵，其结果是震撼性的。这次战役的意义在于经过这次摧枯拉朽的军事行动，使河西走廊如同被深耕了一次，满目疮痍，敌人心理受到沉重打击，为汉军以后的战役创造了条件，也为最后迫降河西之敌奠定了了巨大的心理基础。

第五章

二战河西 并武广地

二战河西不再是单骑突进，而是多路兵马的分进合击。有助攻，有主攻，有侧翼，有战略配合。可谓奇正结合，虚实为用，在幅员广阔的战场上进行连环穿插，复合进击。可是，实践永远比理论鲜活，原本两路配合的西征军最后还是演化成了一军突进，孤军作战。好在霍氏依然发扬以前的作风，在祁连山下上演了一出完美的战争大戏，骑兵大纵深迂回，由侧后进击的突袭战术，收到了极佳的效果，成为匈奴军队的克星。

第一节　河西再次擂战鼓

第一次河西之战，霍去病的精骑在河西走廊冲杀了一个来回，如同一条长鞭子狠狠地击打在野牛背上，打得皮开肉绽，鲜血淋漓，痛入骨髓，留下了深深的伤痕。但是，并没有彻底制服这头野牛，还需要再一次重击。虽说战役过后，作战双方都很疲惫，都需要养精蓄锐，休整兵马，整顿战备，以利再战。可是，初战告捷，给汉武帝以极大的鼓舞，汉武帝决定趁河西敌人惊魂未定之际，趁热打铁，再次动员和组织兵力，立即发动更大规模的夏季攻势，对河西走廊的敌人进行一次更大规模的军事打击，完全剪除河西匈奴势力，切断匈奴右臂，一举解决河西问题，将河西地区牢牢地控制在汉王朝的手中，从而打通进入西域的道路。于是，就在元狩二年的夏天，汉武帝迫不及待地发动了第二次河西战争。

不过，由于河西的敌人经受过第一次打击，不但河西之敌，甚至整个匈奴帝国都已警觉起来，已经失去了战役的突然性，怎么打好第二仗，确实需要汉朝君臣仔细筹谋了。君臣集思广益，周密部署，很快一个针对河西的庞大战略计划出笼了。

首先，这次进军河西不再是孤军突进，而是多路兵马的分进合击。有助攻，有主攻，有侧翼，有战略配合。可谓奇正结合，虚实为用，在幅员广阔的

第五章 二战河西 并武广地

战场上进行连环穿插，复合进击。

先说侧翼的战略配合。按照作战计划，在东路方面，汉武帝任命卫尉张骞、郎中令李广率万余骑兵出右北平（郡治平刚），进击左贤王，这是次要出击方向，主要作用是牵制左贤王，使其不能破坏汉军西征的军事行动。

左贤王庭（东部）管辖的地区在匈奴的东部，其南依次与汉地辽西郡、右北平郡和上谷郡（今天河北怀来一带），再往南是渔阳郡，东面连接秽貊、朝鲜，土地极为广阔。左贤王是匈奴集团中仅次于单于的势力，左贤王即左屠耆王，地位高于其他诸王，仅次于单于，是单于的继承者。自从西汉与匈奴开战，左贤王部还没有遭到汉军的严重打击，其所部兵强马壮，是匈奴的生力军，经常对西汉的东北边境发动进攻，给汉军的压力很大。一旦汉军向西开展军事行动，左贤王有可能出兵，从东部攻击汉军后背，至少会采取牵制行动。因此，为了西线战事的顺利进行，汉武帝决定派偏师攻击左贤王部，先发制人，牵制左贤王部，使其在西线军事行动中无暇他顾，不能有所作为。

担任牵制任务的是卫尉张骞和郎中令李广。张骞我们比较熟悉了，此时他的职务是卫尉，九卿之一，掌管宫门警卫。西汉时宫内设庐舍以驻扎卫士，卫士昼夜巡警，检察门籍，护卫宫殿者有郎卫和兵卫。郎中令率郎官为郎卫，卫尉率卫士为兵卫。所以，两人的职务可谓互为表里，相互配合。

李广是名扬沙场的老将，其先祖李信为秦国名将。公元前166年，匈奴大举入侵边关，李广少年从军，抗击匈奴。他作战英勇，杀敌颇众，使汉文帝大为赞赏。李广身材高大，臂长如猿，有善射天赋，有百步穿杨的神技，多次跟随汉文帝射猎，格杀猛兽，汉文帝曾慨叹："惜乎，子不遇时！如令子当高帝（刘邦）时，万户侯岂足道哉！"汉景帝即位后，李广为陇西都尉，不久升为骑郎将。吴楚七国之乱时，李广任骁骑都尉跟随太尉周亚夫抗击吴楚叛军，夺取叛军帅旗立功显名。但由于李广接受了梁王私自授给他的将军印，回朝后没得到任何封赏。诸王叛乱平定后，李广成为汉景帝身边的禁卫骑兵将军，先后又在北地、雁门、代郡、云中等北部边域七郡任太守,以善打硬仗而闻名,匈奴畏服,称之为"飞将军"。公元前141年,汉武帝即位,调李广任未央宫的卫尉。不久,郎中令石建死,李广被任命为郎中令。"郎中令"是掌管宫殿门户的官,实际权力很大,是皇宫禁内的主要职能官员。

这时程不识也任长乐宫卫尉,他俩从前都以边郡太守的身份统领军队,作为边关老将,却有截然不同的带兵方法。程不识曾经总结说:"李广军极简易,然虏卒犯之,无以禁也;而其士卒亦佚乐,咸乐为之死。我军虽烦扰,然虏亦不得犯我。"士兵人人自便,晚上不打更巡逻自卫,但如果匈奴进攻,大军没办法抵挡。程不识则以严格治军而闻名,他注重部队的编制、队列和阵式。晚上巡逻,军中事务烦琐,却不怕匈奴进犯。可是士兵却苦于程不识之严,都喜欢跟随李广作战。

李广为将廉洁,可谓爱兵如子的模范。他从不侵犯士兵利益,还常把自己的赏赐分给部下,他爱兵如子,凡事能做到身先士卒;他也不高高在上,作威作福,而是与士兵同甘共苦,同吃同饮。尤其是行军遇到缺水断食之时,士兵不全喝到水,他绝对不去喝水;士兵没有吃饱,他不去吃饭。对待士兵宽缓不苛,体恤士兵,不喜欢以严苛的军令军纪治军,广施仁爱,深得官兵爱戴,使得士兵甘愿追随,为他效死,所以他的部队很有战斗力。他做了40多年俸禄二千石的官,由于经常把余财散给士兵,所以没有什么积蓄,家无余财。别的高官大员忙于整修府邸,广买田宅,为日后归隐做打算,可是李广从来不考虑这些事,也始终不以购置家产为意。李广不善言辞,不追求享受,也没有什么嗜好,一生都以射箭为消遣,闲居时亦以射箭赌酒为乐。李广射杀敌人时,经常要求自己箭无虚发,敌人非在数十步之内不射,所以多次在战场上遭遇险境。外出打猎时也是距离野兽很近时才射箭,以致有时被野兽扑倒而受伤。可以说,李广是一个官场的异类。

此时,李广的职务是郎中令,也是九卿之一,与卫尉共同守护宫殿。从职

第五章 二战河西 并武广地

务上看，两人平级，不相伯仲，但是张骞是博望侯，地位要比李广尊崇。因此，在这支偏师中，张骞是主帅，李广为先锋。对于李广而言，只要能够让他参加作战就行，别的就不计较了。汉武帝起用李广为先锋，率领4000人先行出发，张骞率领1万骑兵随后跟进，目的就是利用勇敢善战的李广缠住左贤王，担任搅局者的角色。因此，这是一支配合西线战事的偏师。正可谓"烽火动沙漠，连照甘泉云。汉皇按剑起，还召李将军"。

河西才是汉武帝真正属意的战场。汉武帝任命霍去病与合骑侯公孙敖领数万骑进攻河西。公孙敖是卫青的铁杆朋友，也是一位久经沙场的老将了。

按照事先预定的作战计划，西北方向是用兵目标，兵力自然比较雄厚。在西北方向，也分为正师与奇师，奇正结合。霍去病与公孙敖部两路并进，像当年卫青收复河套那样，来个大迂回，汉军的春季攻势，是从陇西郡出发，从兰州一带渡过黄河，沿着庄浪河谷北上，再从乌鞘岭以北的古浪峡进入河西走廊的。这条行军路线将会是河西匈奴人重点关注的线路，乌鞘岭的古浪峡一定会成为河西匈奴布防的重点，如果汉军再次沿着相同的路线进军，就不会有上次这么好的运气了。匈奴只要派出部分兵力在古浪峡进行堵防，汉军插翅也难以过去。因此，这次西征的汉军改变了路线，从北地郡出发，往西北走，渡过黄河，翻过贺兰山，涉过钧耆水（即今山丹河下游），从雷公山以北，穿越腾格里沙漠，直达居延泽，在那里两军会师，稍事休息，然后九十度大转弯，沿弱水（今内蒙古黑河，又称额济纳河，发源于祁连山，西北向流入居延泽）急转而下，以弱水为大军的生命之源，快速绕到匈奴人的大后方，即祁连山西南麓的小月氏部落（大月氏西迁时，一部分月氏人没有西迁，降服于匈奴，称之为小月氏），然后再九十度大转弯，从西北往东南攻，在休屠、浑邪王主力的背后捅刀子。霍去病所部是侧翼进攻，从北侧插入敌后，断其退路，从背后下手；而公孙敖所部主要负责正面进攻，同时又负有吸引敌方注意力、掩护北路汉军迂回包抄的任务。这样的部署也是吸取了上次河西之战的教训。在上次河西之战中，霍去病基本上采取平推战术，逐步推进，没有歼灭敌军主力，这次如此布置，显然是布了一个口袋阵，将河西之敌一口吞下，就地消灭。

孙子说："凡用兵，以正合，以奇胜。"出奇制胜是兵法之要，奇正的本质在于迷惑敌人。正面的硬碰硬不是完胜之道，胜败之关键在于出奇制胜。这个"奇"需要不断地更新传统的用兵之道，推陈出新，达成战法的超越和创新，使战争充满了无穷的魅力。"故善出奇者，无穷如天地，不竭如江海。"从这个角度看，河西作战计划堪称是一个完美的作战计划。从战术安排来看，霍去病的主攻地位十分明显，无论是公孙敖还是李广、张骞俱是策应作战，这种战术搭配都是为河西敌人量身定做的。

正在这时，边境再次告警，匈奴单于派出数万骑兵南下，快速进击代郡、雁门郡，分散汉军兵力，以期达到汉军不敢放手全力攻击河西走廊右贤王部队的作战目的。不过相比以往，匈奴这次行动造成的损失不大，只杀死和掠走了数百边关百姓，而且怕汉军反击，敌军很快退兵撤走，不敢像以往那样在边境耀武扬威，大肆劫掠，这说明了匈奴的色厉内荏，因此这次行动对汉军的进攻计划没有造成任何影响，战役依然如期打响。汉武帝下达了出击的命令，汉帝国的军队按预定作战行动从三个方向出发。

第二节　西线战场捷报传

花开两朵，各表一枝，先说东线战场的情况。

公元前121年5月，张骞率领的1万汉军骑兵，在霍去病渡黄河、向河西走廊进攻的同时，也从右北平郡出发，北出燕山，向匈奴左贤王部发起进攻。两个战场相距如此之远，很难起到遥相呼应的作用，不过从战略全局看，开辟了东线战场，对匈奴整体兵力的调动，还是有牵制作用的。李广率领4000名骑兵先行出发，一路风尘仆仆，晓行夜宿，朝着东北方向挺进，不几天工夫，就深入左贤王领地数百里，与张骞的后续部队渐渐失去了联系。让他想不到的是，一张大网已经张开，准备将这支孤军一口吞下。

六月的草原芳草萋萋，漫山遍野开满了不知名的野花，李广顾不上欣赏草原美景，一路挥军急进，按照地图，再过一天行程就到了左贤王的核心地带，可是一路上却没有发现任何匈奴士兵的踪迹，甚至连放牧的牧民也不见踪影，李广有一种不祥的预感。派出去与张骞军队联系的兵马也始终不见踪影，随着大军的行进，李广心中不安的阴影面积越来越大，整支部队似乎和李广的心情一样沉重，空气中充满了凝重沉闷而又不安的空气。

翻过前面这座山，就该让士兵们休息一下，补充体力，顺便等一等后面的张骞所部，李广心里暗暗想道。正在这时，只听得胡笳齐鸣，汉军对这种声音

大汉战神：霍去病传

太熟悉了，接着人喊马嘶，一队队匈奴军士从山坳里冲了出来，人山人海，旌旗招展，黑压压的4万匈奴生力军把李广的4000人团团围住，如同铁桶一般，仿佛要将汉军一口吞下去。面对着十倍于己的敌军，汉军将士人人面无人色，惊恐不已。李广不愧是沙场老将，依然镇定自若。面对慌乱的部队，他知道该怎么做。

为了稳定军心，李广决定先发制人，他果断地命令自己的儿子李敢带领数十名勇士飞骑直冲敌阵。李敢应命而出，带着一队勇士拍马向对面的匈奴阵地冲去。匈奴军想不到这支已经成为囊中之物的汉军竟然敢派兵主动攻击，这突如其来的攻击使匈奴阵营大乱，根本来不及组织有效的拦截阻击。李敢率领勇士在匈奴军中横冲直撞，枪矛所到之处，如入无人之境。李敢厮杀几个来回后又冲出匈奴阵地，飞奔回来向李广报告说："敌军战斗力不强，很容易对付！"李敢此行可谓"横行负勇气，一战净妖氛"。汉军将士见到主将的儿子英勇杀敌的情景，惶惶不安的军心立刻安定下来。

在李敢冲击敌营时，经验丰富的李广趁势命令汉军组成圆形阵式，将辎重车连接起来作为外围屏障，弓箭手们一字排开，以大车为依托，弯弓搭箭，严阵以待。这时，刺耳的胡笳声再次响起，匈奴4万大军呼喊着轮番向汉军发起了进攻，其势如同排山倒海，锐不可当。两军阵前箭矢如蝗，遮天蔽日，厮杀声惊天动地。李广率军奋勇抵抗，命令士兵用箭杀伤敌人。经过数次厮杀，匈奴军队攻势顿挫，汉军士卒也死伤大半，箭矢也将要用完，没有了箭，汉军只能束手就擒，伸颈待戮了，阵地上回响起汉军将士绝望的哀号。

在这关键时刻，李广命令士卒引弓不发，自己亲自端起威力强劲的大黄弩，严密注视着敌军的动态。经过短暂的休整之后，匈奴骑兵又一次气势汹汹地向汉军阵地冲来，李广瞄准指挥进攻的匈奴神将连发数矢，将军神技果然名不虚传，一支支箭像长了眼睛一样，将几名匈奴神将接连射落马下。飞将军出神入化的精湛射技，使匈奴骑兵无不胆战心惊，无人敢率先出头送死，攻势也

第五章 二战河西 并武广地

顿时衰弱下去。

几番苦战，夜幕逐渐降临到大漠之上，阵阵寒气袭来，剩余汉军士卒经过一天的激战后，在恐惧与死亡的笼罩之下，早已疲惫不堪，面无人色。李广仍旧是镇定自若，意气自如，不断来回安抚士卒，鼓舞士气，巡视阵地，布置防务，"军中服其勇也"。

第二天凌晨，左贤王再次组织兵力，对汉军发动了猛烈攻势，试图一举拿下李广这支已经残破的汉军。李广指挥剩余官兵苦苦支撑，拼死抵抗，他们已经杀死匈奴3000余人，防线几次被匈奴骑兵冲垮，汉军只能靠最后一口气硬撑了。拼死一搏的汉军和志在必得的匈奴人，都死伤惨重，都在咬牙坚持。正在这时，后方烟尘滚滚，一支汉军伴随着烟尘呼啸而来，帅旗上大大的"张"字分外显眼，张骞的主力军终于赶到了。剩余的汉军一片欢呼，精神大振。

左贤王本来想着趁汉军主力不在，先收拾了李广所部，再抽身消灭张骞部，令他没有想到的是，李广所部竟然是块难啃的硬骨头，战斗意志如此顽强，区区4000名汉军竟然与自己的4万主力激烈对抗了2天，而且给自己造成了重大伤亡。汉军援兵到了，他歼灭汉军已经成为镜中月水中花，只好沮丧地收兵，解围北撤。汉军也因损失惨重，疲劳过甚，无力实施追击。东线的战事就这样结束了。

与此同时，西线战事也正在进行中。按照既定的军事计划，霍去病率领经过严格挑选的精锐骑兵，出北地后向西北挺进，渡过黄河，跨越贺兰山，横穿浩瀚的腾格里沙漠和巴丹吉林沙漠，到居延泽海（位于今内蒙古额济纳旗一带）后转向西南，经过小月氏，再由西北转向西南，长驱深入二千余里，绕到匈奴军队的后方，在这里大军等待公孙敖部队前来会师。

这是一段艰苦卓绝的秘密行军，为了防止踪迹为敌人所察觉，大军所到之处人烟罕至，一路上不是翻越高耸入云的大山，就是穿越连绵千里的浩瀚沙漠；高山上冰雪皑皑，寒风刺骨，沙漠中烈日高悬，飞沙走石，热浪滚滚，炙

大汉战神：霍去病传

烤着天地万物，沿途人烟稀少，水源奇缺。一眼望去，整个世界一片荒芜，只有无穷无尽的沙海绵延到天边，没有尽头，简直令人绝望，行军之艰苦可想而知。到了居延泽，汉军才算摆脱了沙海，在这里暂作停留。居延泽碧波荡漾，芦苇丛生，水鸟翱翔，成为沙海中的一颗明珠，也是穿越巴丹吉林沙漠和大戈壁通往河西的重要生命通道，霍去病命令大军饱饮，进行休整，顺便等待公孙敖所部。唐代大诗人王维为之赋诗，写下了著名的《塞上作》一诗："居延城外猎天骄，白草连天野火烧。暮云空碛时驱马，秋日平原好射雕。"

可是，计划中的后续之师竟然毫无踪迹，霍去病连连派人打探，依然毫无消息。万里戎机，事不宜迟。再拖延下去，不仅会拖延战机，而且万一走漏风声，匈奴人就会做好战争准备，给接下来的战事造成严重困难，迂回千里的战略行动也会功亏一篑。可是，凭借手中孤悬敌后的1万骑兵，能否歼灭敌军，还真是凶险的未知数，弄不好会在西北荒漠之中全军覆灭。悄悄撤军原路返回？且不说回去的路是否有敌人拦截，即便是千里茫茫的沙漠也会拖垮军队的意志。霍去病思虑再三，当机立断，最终决定按照既定的作战计划出击。

汉军沿着黑河继续南下，出现在祁连山与合黎山之间的弱水上游地区的觚得一带（今甘肃张掖西北），他们如同神兵天降，从浑邪王、休屠王军侧背发起猛攻，匈奴军仓促应战。霍去病纵兵冲击，汉军锐不可当，以一敌三，人人奋勇，个个争先。在汉军精锐骑兵的猛烈攻击下，退路已被断绝的匈奴军队惊恐万分，兵无战心，将无战意，根本无法组织起有效的抵抗，到处尸横遍野，流血遍地。汉军越战越勇，锐

霍去病墓旁的《马踏匈奴》石雕　刘宏　摄影

第五章　二战河西　并武广地

不可当。在汉军的猛烈攻击下，匈奴军队丢盔卸甲，很快就一败涂地，落荒而逃。早就领教过霍去病厉害的浑邪王和休屠王看见匈奴军队大势已去，带领小股人马突破重围，破阵而逃。主帅逃走，剩余匈奴军队更是失去了战斗意志，匈奴单桓王（匈奴王号）、酋涂王、相国、都尉等，战栗不已，竟然率领所部2000多人向汉军跪地请降。战场形势更为有利，汉军如同秋风扫落叶，在整个战场上纵横驰骋，往来冲杀，接连俘获了匈奴5个王以及其母亲、阏氏、王子等贵族59人，还有相国、将军、当户、都尉等官吏63人也成了俘虏。

这是一场痛快淋漓的歼灭战，霍去病在没有其他友军配合的情况下，率领孤军，在地形复杂多变的河西地区长途转战2000多里，用仅仅伤亡3000多人的代价，一举歼灭匈奴部署在河西的主力部队，取得河西之战的决定性胜利。经过这一战，河西匈奴军队被汉军斩杀3万余人，河西敌军主力基本上被汉军消灭，河西的匈奴再也难以恢复元气，河西走廊已经成为熟透的瓜，等待汉武帝去摘取。

战后论功行赏，由于东线的张骞没有及时赶到战场，致使李广军陷于苦战，按照法律应该斩首，不过张骞凑集钱财赎罪，被废为庶人，从一个侯爵降为普通百姓。看起来最熟悉匈奴情况的张骞也同样有可能犯错误。因为以其经历来说，匈奴中西部（尤其是西部）才是他最熟悉的板块，现在让张骞在东线领军，显然并不是最合适的选择。"战苦戈戟残，道远霜雪清。野马嘶落日，哀笳动连营。此时不封侯，嗟哉李北平。"李广虽然出力甚多，以功抵过，不赏不罚，白发老将又一次失去了封侯的机会。

西线的公孙敖出了北地后，由于军中缺乏熟悉当地情况的向导，最终却在乌鞘岭东迷失了方向。不仅未能与霍去病部在河西走廊会合，也没有碰上匈奴人，致使与霍去病分进合击的计划化为泡影，按照军法应当斩首。他也与张骞一样，向官府交了钱财，被免去死罪，废为庶人，这已经是公孙敖第二次在功名利禄场上跌倒了。

唯一受到汉武帝封赏的就是霍去病军。汉武帝得知河西大捷的消息后甚为喜悦，益封霍去病5000户以示嘉奖。霍去病所部将士也得到大量封赏，鹰击司马赵破奴两次跟随骠骑将军出征，斩杀了遫濮王，俘获稽沮王；其部下千骑将捉到匈奴小王和小王母各一人，王子以下41人，俘虏敌兵3300人；其先头部队俘虏敌兵1400人，划定1500户封赵破奴为从骠侯。校尉句王高不识俘虏呼于屠王和王子以下共11人，俘虏敌兵1768人，划定1100户封高不识为宜冠侯。校尉仆多有军功，封为煇渠侯。其他校尉则被赐予左庶长的爵位。

第三节 二战河西战法精

河西之战与之前的河南地之战以及以后的漠北之战号称汉匈对决的三大战役，在战史上具有举足轻重的地位。

二战河西是霍去病再次亲手执导的战争大剧，是霍去病智慧与胆量的结晶，痛快酣畅，淋漓尽致，再次检验了霍去病的战略战术是完全正确的，对付匈奴是对路的，卓有成效的。

这一战是河西走廊作战的延续，对手相同，敌情相同，地形地貌相同，与第一次河西作战有相似之处，但是也有不同。

第一，战略视野广阔，营造广阔的战争空间是河西大捷的前提。

在二征河西的过程中，霍去病展示了相当宽广的战场视野。一般而言，对于作战对象，要明确敌人的兵力及其部署情况，方向和企图，以及可能的抵抗地区和抵抗方式。出击河西走廊之敌，霍去病却并不仅仅局限于河西走廊，而是把相关战区全部纳入到视野之中，从中进行规划战役计划、行军路线以及诸多作战事宜，视野扩大，显示了霍去病作为一方统帅胸怀全局、运筹帷幄的能力和气魄，体现了一个优秀将帅的杰出品质。当然，视野不能无限扩大，任马由缰，而是在准确把握和了解作战对象的兵力及其部署情况下展开的，否则就会多走冤枉路，增加军队负担，拖垮部队，至于作战就无从谈起了。从二征河西的情况来看，虽然霍去病视野放大，但是军队攻击方位恰当，这是很难做到的。

第二，迂回战术在河西战场得到完美运用。

实施迂回战略，必然依托于广阔的战争空间。由于霍去病的战略视野扩大，迂回作战就有了可能。霍去病率精骑渡过黄河后，沿沙漠南缘，出北地郡（郡治在今甘肃庆阳西北）以北2000余里，避开匈奴的正面，向北越过贺兰山、雷公山，横穿浩瀚的沙漠，绕道居延海（今内蒙古西北），转而由北向南，沿弱水而进，经小月氏，再由西北转向东南，深入匈奴境内2000余里，在祁连山与合黎山之间的弱水上游地区，从浑邪王、休屠王军侧背发起猛攻。迂回战略的实施，使敌人无法准确判断来者的攻击方向，难以组织有效的抵抗，对于河西之战的完美收功起了很大的作用。当然，迂回战术的前提和基础是精心规划迂回路线，既要保证在迂回过程中能够完全避开敌人，保持军事行动的秘密性，同时，在迂回过程中，又要保证水源供应，否则就是自取灭亡，迂回之路就是死亡之路。

第三，取得了出其不意，攻其不备的效果。

出其不意，攻其不备的战术原则在战役中得到充分贯彻和发扬。霍去病二战河西中迂回战略之构想，就是基于当时匈奴在遭受了第一次河西战役的重大打击之后，重兵布防于东线的态势，大胆出奇兵，穿越北部沙漠后，在匈奴的背后捅上致命的一刀。这种灵活机动的作战原则，体现了《孙子兵法·虚实篇》中"出其所（必）趋，趋其所不意"的原则，使匈奴军队防不胜防，处处被动，根本摸不清汉军的攻击方向，而由此带来的战果是相当丰硕的，回报极为丰厚。不但给敌人造成重大杀伤，而且自己的损失要比一战河西要小得多。一战河西汉军以万余骑兵实施远程进攻，连续的突击作战，一举击败河西的匈奴军，但这一仗汉军的损失极为重大。而到了第二次河西之战，汉军得到首战的经验，采取骑兵大纵深迂回，由侧后进击的突袭战术，收到了极佳的效果，

第五章 二战河西 并武广地

斩杀敌人3万多人,俘虏数千人,而折损兵力仅十分之二三,损失相对要少。

第四,深入虎穴,大纵深作战成为霍去病用兵的特色。

以骑兵兵团横跨千里,深入匈奴腹地,实施大纵深大迂回的作战行动,没有非凡的胆识是难以做到的。而敢于向纵深突击,在敌人的腹地实施大胆攻击,是霍去病作战的特色。早在他初出茅庐的定襄之战中,就体现了这样的战术风格,以八百人一直攻击到匈奴的腹地,可谓浑身都是胆。这次西河之战,同样充分发挥了骑兵快速机动的优越性,在广阔的战场上进行大纵深的前进与后退,深入敌后,直扑敌人的要害,如同一把锐利的钢刀刺进敌人的心脏,不让敌人有反应的时间,打乱敌人的部署,从而改变战争结果,加速战争进程。

二战河西取得重大胜利,自然有其必然性。第一要归功于霍去病指挥得当,作战有方。二战河西是霍去病第三次带兵打仗,战场经验相对丰富,体现了一个将帅的优良的军事素质和指挥才能。首先,霍去病在战役中体现了高超的组织能力和指挥才能。作为一支深入敌后千里的孤军,完全脱离后方支援,大军的衣食住行等完全由霍去病负责。特别是大军要穿越浩瀚无边的腾格里沙漠和巴丹吉林沙漠,诸如地形地貌、水源粮草、后勤补给等必须拿出妥善的解决方案和防备措施,保证大军在荒无人烟的地方喝上水、吃上饭,这些对霍去病的组织能力是一个严峻的挑战和考验。万幸的是,霍去病克服了这些困难,顺利地把大军带出了大漠,而且还保持了旺盛的战斗力,这不能不让后人敬佩。其次,霍去病指挥若定,灵活机动,善于决断。按照原来计划,这次进攻由公孙敖和霍去病共同完成,两军合力,胜算更大。可是公孙敖迷路,攻打河西的任务落在了霍去病身上,如果就此退兵,一切努力就功亏一篑,河西之战势必往后延误。机不可失,时不再来,霍去病毅然决然,当机立断,凭自己的孤军去完成西征任务,不仅有胆,而且有识,指挥若定,善断大事。可以说,霍去病在河西战役的表现已经相当成熟,判断、分析、决断,调兵遣将、排兵布阵,出击时机的拿捏等已变得驾轻就熟,深合机宜。

第二，汉军的作战时机选择恰当，战术运用巧妙。匈奴历来多在秋高马肥之时用兵作战，而汉军由于马匹有粮草饲养，所以骑兵的作战并不完全受到季节的影响，春、夏两季皆可出击。兵贵神速，汉军在春季作战之后稍事休整，随即发起第二次进攻，这种连续作战的方式突破了匈奴骑兵的作战常规，完全出乎匈奴的意料，因而能取得出其不意，攻其不备的良好效果。

第三，汉军统帅英勇，将士能战，具有强大的战斗力。霍去病具有剽悍勇猛的战斗作风，意志顽强，不畏艰险，不怕强敌，具有压倒一切敌人的勇气和力量，作战时身先士卒，"敢深入，常与壮骑先其大军"，这不能不极大地鼓舞汉军的士气，激励他们英勇奋战。霍部将士都是军中精锐，是从汉军中挑选出来的敢战之士，正是这些优秀的骑士组成了精锐的骠骑部队，在霍去病的带领下，如同一群勇往直前的雄狮，所向无敌，保持着旺盛的斗志。汉军广大将士所向无敌的英雄主义精神和高昂的战斗意志，为夺取战争的胜利提供了重要的保障。

一身转战三千里，一剑曾当百万师。经过霍去病的两次打击，河西敌军元气大伤，再也难以鼓起与汉军交锋的勇气。河西走廊如同熟透的柿子，就等着汉武帝伸手去摘取了。

第六章

河西受降　威震敌胆

"阴山缚尽犬羊群，万里胡天散阵云。塞外降王三十部（郡），来朝尽隶霍将军。"数万匈奴拱手前来归降，这是前所未有的盛事。纵观整个受降过程，可谓惊心动魄，险象环生，若非霍去病果断处理，采取强力手段予以制止，后果不堪设想。河西受降充分显示了其勇武、机智、果断的军事指挥才能，以及能够控制大局的铁腕手段和临危不惧的胆识。

西汉帝国由此完控河西，实现了汉武帝最初设定的"切断匈奴右臂"的战略目标。这对匈奴的打击是沉重的，匈奴人为之哀歌曰："亡我祁连山，使我六畜不蕃息；失我焉支山，使我嫁妇无颜色。"

第一节　河西拱手来投诚

经过霍去病两次深入突击，河西敌军被歼灭4万余人，主力损失殆尽，势如危卵，已经没有任何招架还手之力，浑邪王、休屠王惶惶不可终日，寝食不安，只要汉军施加任何一点外力，都会使河西大局崩溃，无法收拾。

而伊稚斜单于恰恰在这样的形势下又做出了一个很不适宜的决定。对于河西匈奴的失败，伊稚斜单于恼恨万分，不但损失了数万精兵，而且河西地区已经成为残破之区，旦夕不保。他决定追究责任，借浑邪王和休屠王的人头树立威信，杀一儆百，以儆效尤，挽回匈奴连连丧师失地的脸面。于是，他派信使到河西走廊，命令河西二王到漠北的单于王庭开会，准备借此机会杀掉他们。

河西二王与匈奴单于的血缘关系本来就比较疏远，据考证，浑邪部可能为义渠族的支脉，休屠部可能为月氏族的支脉，或者至少有其血统。长期以来匈奴一直把河西作为供应基地，予取予夺，诛求不已，两王早已不胜其烦。况且霍去病两次对河西走廊大动干戈，匈奴本部没有出动一兵一卒对河西走廊进行支援，两王心中早就愤愤不平。这次伊稚斜单于召见他们，一定是摆了鸿门宴，会无好会，宴无好宴，事已至此，如何是好？浑邪王、休屠王坐困愁城，一筹莫展。

大不了是个死，死里求生，或者还有一条活路。浑邪王和休屠王计议了几

第六章 河西受降 威震敌胆

天,最后横下了一条心,与其死于伊稚斜单于的刀下,做了无名之鬼,不如向对手缴械投降,换取对手的宽恕,就算没有荣华富贵,起码能保住身家性命。

计议已决,就不能再拖延了,如果走漏了风声,一切就无法挽回了。同年秋天,浑邪王和休屠王马上挑选了几个心腹作为使者,秘密前往西汉边境与汉人接洽。几个使者晓行夜宿,一路翻山越岭,风尘颠簸,到了黄河边,也是机缘巧合,负责汉帝国外交事宜的李息正在黄河岸边督率兵丁修建长城。

李息听完了匈奴使者的密报,感觉事关重大,一点也不敢延误,马上派人把使者秘密送到京城长安,向汉武帝汇报。汉武帝听了又惊又喜,这是与匈奴开战以来的一件大喜事!如果说前一次匈奴王子於单跑到汉帝国,是因为内部纷争,走投无路,不得已而为之,那么这一次可是匈奴的某个部落举地而降,意义十分重大,充分说明了曾经横行天下、不可一世的匈奴,在西汉帝国的沉重打击下,内部已经出现了离心离德、人心涣散的现象,距离他们分崩离析已经不远了。

双方多次商讨,对于受降的程序以及投降后的待遇等诸多事宜进行反复沟通,条件最终谈妥,河西二王向大汉王朝投诚的日子越来越近了。派谁去担任受降这个重大而又荣耀的职务呢?汉武帝思虑再三,决定还是由霍去病出马。

汉武帝之所以选择霍去病,自然有他的打算。河西走廊是霍去病出兵拿下的,自然这份荣耀也必须由霍去病去摘取,以酬其功,是顺水人情。同时,汉武帝还有更深层次的考虑。前敌受降,固然荣耀无比,然而也是一个相当凶险的差事。河西匈奴是真降还是诈降,都是未知数,真降一切都好说,风风光光,体体面面,带着降人返回京师,那是多少武将梦寐以求的荣光。难道不是吗?清朝时期的大将杨芳平定叛乱生擒准格尔贵族张格尔,从遥远的新疆送往京城,风尘滚滚,旅途漫漫,杨芳对张格尔小心伺候,严密保护,生怕有个闪失,死在路上,为的就是安全送到京城,让道光皇帝亲自下达旨意,在北京菜市口开刀问斩,由此得到的不仅是泼天的富贵,更是留名青史的大事,史官要郑重其事地记载下来，流芳百世。

可万一是诈降呢？那可是相当凶险的事。这样的事情不是没有，而是史不绝书，殷鉴不远。远的不说，马邑之谋中的聂壹就是诈降，如果当时诈降成功，那么整个匈奴主力连同单于就会被汉军下了汤锅，包了饺子。处于困境中的敌人也往往会使用这一招，通过斩杀敌方前来受降的大将扭转局势，死里求生，最起码同归于尽，玉石俱焚，杀一个够本，杀两个赚一个。

霍去病去受降，一来敌人已经多次败在他的手下，他在河西可谓威名远扬，妇孺皆知，被他吓破了胆，慑于霍去病的威名，敌人也许不会节外生枝。二来，霍去病具备临机决断的能力，能够应付可能出现的变故，能够压住场子，掌控局势。这是汉武帝选择霍去病受降的原因所在。由此可见，汉武帝对于这次受降，可谓绞尽脑汁，费尽了心思。

即便如此，汉军也要做到有备无患。所以，霍去病前往受降，汉武帝同样为他配备了精兵强将进行保驾护航，大兵压境，慑以兵威，事情总会好办些。

果然不出所料，在汉朝君臣紧锣密鼓筹划受降事宜时，河西匈奴部落发生了一件大事，那就是河西二王之间的火并。

本来向西汉王朝拱手投降是浑邪王和休屠王共同商量之后一起做出的决定，是一条死里求生之路。可是，在受降事宜秘密进行之际，休屠王却整天借酒浇愁，闷闷不乐，整天在王宫里拿下人出气。最后竟然带着亲信骑兵，不远百里地跑到浑邪王王宫大肆咆哮，指责浑邪王辜负国恩，忘恩负义。虽然他没有抖出向西汉帝国投诚的秘密，但是反悔的内心却是暴露无遗了。

事态急剧恶化，局势就要失控，局势失控的后果无疑是灾难性的。面对休屠王的反复无常，浑邪王首先要做的就是把控局势，制止事态的进一步恶化。于是，一不做二不休，浑邪王连夜点起兵马，急行军百余里，悄悄地围住了休屠王的王府，然后冲杀进去。此时休屠王醉卧在床，压根想不到昔日的盟友会对他采取行动，一点防备也没有，于是休屠王死于乱刀之下。好在浑邪王尚存

第六章 河西受降 威震敌胆

念旧之情,除了休屠王以外,他的阏氏、子女以及部属全部活了下来。

火并了休屠王,兼并了他的部众,浑邪王除了向西汉帝国讨一条活路,再也没有其他退路了。事不宜迟,浑邪王放火烧掉了住了几十年的王府,厚葬了休屠王,挥泪告别河西故土,然后整顿部众,赶着牛羊,沿着河西走廊的古道,前往黄河的受降地点。

第二节　河西受降挽狂澜

经过汉军的两次打击，河西走廊的匈奴部众算上男女老弱，还有将近5万人。浑邪王为了抬高身价，要个好价钱，号称尚有部众10万人。由于浑邪王杀死了休屠王，兼并了他的部众，内部人心不稳，这就注定了这次受降过程险象环生，波折不断，从而给霍去病带来了严峻的考验和巨大的风险。

当浑邪王率部千里迢迢来到黄河岸边时，霍去病已经率领1万精壮骑兵渡过黄河，前来迎接，汉军排列成威严的队形前进，旌旗在风中猎猎作响，甲仗在阳光下熠熠生辉，腾起阵阵杀气。浑邪王也同样列阵迎候，两军遥遥相望。正可谓"红旗一簇聚山椒，霁日清风看射雕。脱帽胡儿遥稽首，汉家新将霍嫖姚"。也许是霍去病两次出兵河西给匈奴人造成的心理创伤太大了，加上两国长期对垒厮杀，怨恨较深，误会也深，抵触情绪大。浑邪王部的一些裨将见汉军阵容强大，以为霍去病想趁机将他们全部杀掉，心中又惊又怕，加上原来休屠王的一些部下趁机鼓噪，原来整齐的队伍顿时发生混乱。有的裨将不由自主地掉转马头，带领部众向西狂奔，这样一来，其余的部众也恐慌，整个队伍随之骚动起来，局面一片混乱。浑邪王喝止不住，局势已然失控，一旦继续蔓延开来，整个受降计划就会毁于一旦。

在这万分紧急的时刻，"擒贼先擒王"，霍去病当机立断，立刻率领精锐

第六章 河西受降 威震敌胆

突入匈奴军中,将浑邪王置于自己的监护之下,稳住浑邪王,使其成为汉军的人质,同时纵兵对欲逃的匈奴降众进行追杀,一气斩杀了8000多人。在汉军大肆追杀的有力威慑下,终于制止了降众的骚乱,压住了阵脚,稳住了局面,一场一触即发的兵乱终于消于无形。接着,霍去病连忙派得力将士把浑邪王安全护送到京师,然后率领部下护送着其余的降众缓缓而行,顺利到达内地。这次受降共招降匈奴4万多人,从此匈奴在河西地区的统治被连根拔掉,持续了半个多世纪的统治也彻底瓦解。

纵观整个受降过程,可谓惊心动魄,险象环生,若非霍去病果断处理,采取强力手段予以制止,后果不堪设想。霍去病在受降中勇闯敌营,反应迅速,果断处置,其王霸之气不但镇住了浑邪王,同时也镇住了4万多名匈奴人,他们最终没有将哗变继续扩大,充分显示了其勇武、机智、果断的军事指挥才能,以及能够控制大局的铁腕手段和临危不惧的胆识。汉武帝大为兴奋,为了表彰霍去病在这次受降中的功绩,再次下令给霍去病益封1700户。

此时,霍去病的声望简直可以和他的舅父卫青比肩了。而且由于他是常胜将军,跟着他打仗可以博取功名富贵,封妻荫子,所以汉军中的精锐之士都投到他的帐下,甚至一些匈奴人也跑来做他的部属,所以他的部属全部是勇敢善战的精兵良将。一批军中悍勇之士牢牢凝聚在霍去病周围,一个战斗力极强的军功群体已然成形。

数万匈奴拱手前来归降,愿意做大汉天子的臣民,这是前所未有的盛事。回想起列祖列宗受尽匈奴欺辱的岁月,回想起众多边民在匈奴铁蹄下呻

霍去病墓旁的《伏虎》石雕 刘宏 摄影

大汉战神：霍去病传

吟求生、苟延残喘的日子，汉武帝不由心情激荡，感慨万千，神驰万里。可以说，正是由于他的有作为有担当，大汉帝国才得以扭转局面，扬眉吐气，一雪前耻，所以他要把受降搞得轰轰烈烈，有声有色，使之成为重大的历史事件，永垂史册。

当然，汉武帝礼遇降众，并非仅仅是要面子，摆阔气，讲排场，而是出于深远的政治考虑。战争不仅是赤裸裸的武力征服，也是人心的征服。攻心为上，攻城为下，两者相较，高下立判，征服人心、争夺民众始终是对手之间的生死攸关的大问题。因此，在汉匈两大民族的对决中，如何争夺对方营垒的民心，分化瓦解其内部，意义显得十分重大。早在西汉初年，贾谊就曾经向西汉统治者提出"三表五饵"的政策，三表即为"信""爱""好"，要求统治者对少数民族实施仁道，注重诚信，爱其民，投其所好，顺应其心，这是征服人心的道德力量；五饵为"盛服车乘、盛食珍珠、音乐妇人、高堂邃宇、召幸娱乐"，[1]无非是满足少数民族的物质和精神享受，目的是"以此与单于争其民"。景帝中元三年，匈奴王徐卢等人降汉，景帝"欲侯之，以劝后"，希望借封匈奴降者为侯，来鼓励更多的人归汉，丞相周亚夫认为赏赐过厚，极力反对："彼背其主降陛下，陛下侯之，则何以责人臣不守节者乎？"周亚夫以封建政治伦理来评判匈奴降众，其意见未免有些迂腐，汉景帝否决了周亚夫的意见。[2]这次面对如此多的匈奴降众，如果不进行周到细致的安排，就可能造成政治上的被动，不利于招徕降敌。事实上，这项政策确实取得了很好的政治效果，汉武帝时期，匈奴的大臣、贵族乃至次等王归降西汉者与汉武帝前期相比，数量大大增加，仅列于功臣表中的匈奴人降汉封侯者就有20人以上。[3]

---

[1] 《史记·贾谊列传》。
[2] 《汉书·周亚夫列传》。
[3] 陈序经. 匈奴史稿[M]. 北京：中国人民大学出版社，2007.

第六章 河西受降 威震敌胆

因此，汉武帝命令征调2万辆马车，组成阵容豪华、气势十足的仪仗方阵前往迎接投降的匈奴人，以显示大汉天威。这个场面无疑相当壮观，给西汉帝国挣得好大的面子。问题是经过连年征战，消耗很大，战马损失很多，官府根本凑不出这么多的马，加上国库空虚，没有余力去征购，只好向民间征用，很多百姓怕自己的马被征用后有去无回，都不愿意上交，有的还把马藏了起来。这样，官府征调的马匹就不够用。汉武帝很生气，以为长安令办事不力，是大大的失职，要处死他以儆效尤。大臣汲黯对汉武帝的做法很不以为然，他劝告说："长安令没有罪，只有将我杀了，老百姓才肯交出马匹。再说，浑邪王背叛他的主上投降我朝，我朝只要给予适当礼遇即可，何至于兴师动众，让天下不安，以致国家贫困，来奉承异族呢！"也许是被汲黯点破好大喜功的心事，汉武帝听后一言不发，默不作声。

这个让天威莫测的皇帝都难以回言的汲黯是什么来头呢？汲黯，字长孺，濮阳人。先后出任过太子洗马、谒者、中大夫、东海郡太守、主爵都尉等官。汲黯为人亢直，注重志气节操，倨傲严正，忠直敢谏，从不屈从权贵，逢迎主上。王太后的弟弟武安侯田蚡做了丞相，倨傲狂妄，年俸中二千石的高官来谒见时都向他行跪拜之礼，而田蚡坦然接受，竟然不予还礼。汲黯求见田蚡时从不下拜，只是拱手作揖。大将军卫青的姐姐卫子夫做了皇后，加上他本人战功赫赫，在朝中可谓一人之下万人之上，备极崇荣，但是汲黯仍与他行平等之礼。有人劝汲黯说："天子想让群臣居于大将军之下，大将军如今受到皇帝的尊敬和器重，地位更加显贵，你

茂陵博物馆展出的汉代陶俑，从左至右依次为塑衣式彩绘驭手俑、跽坐俑、驭手俑　于博文　摄影

不可不行跪拜之礼。"汲黯反问道："难道大将军有拱手行礼的客人，就反倒使他不受敬重了吗？"大将军卫青本来就是礼贤下士之人，听他这么说，认为汲黯贤良正直，心里更加敬重他，并且多次向他请教国家与朝中的疑难之事。汲黯经常面折人过，不留情面，他曾经在上朝时大骂御史大夫张汤为"刀笔之吏"，当面抨击丞相公孙弘内怀奸诈，外逞智巧。即便是汉武帝，他也敢当面谏争指责，无所顾忌，以致皇帝也对他礼让三分。大将军卫青入侍宫中，汉武帝曾侧卧在床上接见他；丞相公孙弘平时有事求见，汉武帝有时连帽子也不戴，极为轻慢；但是当汲黯进见时，汉武帝都要打扮严整，按照礼仪，从不马虎。有一次，汉武帝坐在威严的武帐中处理公事，瞥见汲黯前来奏报公事，由于汉武帝没戴皇冠，于是他连忙躲到帐内，示意近侍代替他批准汲黯的奏议。

更让汲黯不爽的是汉武帝对匈奴降众的赏赐丰厚无比，"赏赐数十巨万，封浑邪王万户，为漯阴侯"，成为汉帝国历史上第三个一次得封万户的侯。浑邪王手下的小王呼毒尼为下摩侯，鹰庇为煇渠侯，禽梨为河綦侯，大当户铜离为常乐侯，各有封地。封侯的匈奴将领也和其他汉朝贵族一样过着衣食租税的生活，并可传位子孙。其他32个小王及其他匈奴降众也得到了大量赏赐，"胡降者数万人皆得厚赏，衣食仰给县官，县官不给，天子乃损膳，解乘舆驷，出御府禁臧以澹之"。[①]可以说，汉朝竭尽国家之力进行封赏，使整个匈奴降众欢声雷动。连同汉军的有功将士，这一年刘彻总计花了100多亿钱。以封地而言，卫青如此劳苦功高，也没有得到如此大的奖赏，简直是拿国家的钱财装门面。而且由于一些长安城的商人与匈奴降众做买卖，触犯了禁止汉朝物品出售给匈奴人的禁令，结果被处死了500人。

汲黯忍不住了，再次向汉武帝进言说："从高祖皇帝那个时候起，匈奴就背信弃义，断绝和亲，出动大军杀我边民，掠夺财富，是我大汉朝的世仇。我

---

① 《汉书·食货志》。

第六章 河西受降 威震敌胆

朝兴兵征讨，死伤不可胜数，费用高达数百万，国库为之空虚。我原以为陛下得到匈奴人，一定会将他们全部作为奴婢，赏给牺牲于战场的将士之家；所缴获的财物，也一并赏赐，用以缓解天下百姓的痛苦，抚慰天下百姓的心。即便不能做到这些，也不能因浑邪王率数万人前来归降，就用尽国库财富来赏赐他们，征调百姓服侍、奉养他们，好像供奉骄横的儿子一般。何况，那些无知的百姓怎么知道在长安城中做买卖，竟会被法官以犯有使财物非法出边关的罪名受到惩处呢！陛下既不能用匈奴的财物答谢天下，又凭法律中一项不重要的条文杀死无知小民500余人，正是所谓'为保护树叶而伤害树枝'了。我觉得陛下这样做是不对的。"汉武帝听了以后，沉默不语，半晌才说道："我很久没听到汲黯的声音了，如今又在这里信口胡说了！"①

人同此情，心同此理，从世态人情上讲，汲黯的说法无疑是对的，汲黯的说法无法反驳，所以汉武帝无法反驳，只好用皇帝的权威压制汲黯。但是，汉武帝作为反击匈奴的最高领导者，内心的感受无疑更深，他之所以对来降的匈奴赐以厚礼，并非单纯要面子，而是通过这种方式来扩大影响，以招景从，吸引更多的匈奴来降，推进战争的进程，加速匈奴的垮台而已，毕竟宽待俘虏比杀降更有说服力，更有战略政治上的考虑。优待俘虏的政策应该是正确的，正因为如此，才有了以后的边境安定。正如扬雄所评价的那样："且夫前世岂乐倾无量之费，役无罪之人，快心狼望之北哉？以为不壹劳者不久佚，不暂费者不永宁，是以忍百万之师以摧饿虎之喙，运府库之财填卢山之壑而不悔也。"

为了进一步安顿好这批匈奴人，西汉王朝将他们分别安置于陇西、北地、上郡、朔方、云中等五郡，定居在黄河以南塞外一带地区，称为"五属国"，这五郡都是原来河南地的边缘，彼此之间相距较远，使他们处于一个大分散、小聚居的地方，这样既便于控制，不至于使他们以后人口繁衍壮大，形成难以

---

① 《史记·汲黯郑当时列传》。

控制的局面。

属国之设起自秦代,文帝时贾谊虽提出过设立属国的建议,但未付诸实施。这次终于有机会实行了,这些属国由都尉、丞侯、千人管理,基层组织和生产生活方式仍然保留匈奴原来的方式,充分照顾到他们的生活习惯和文化传统,以其俗治其民,不致有所闪失。同时把他们全部安置在边境郡县,一方面这里水草丰茂,是传统的牧业区域,适于游牧,符合降众的生产生活习惯,尊重其民族特点,使他们能够很快安定下来,安居乐业;另一方面安置在边境地区,进一步充实了边疆的人口,使他们为汉帝国戍边,可谓一举两得。《盐铁论·诛秦篇》载:"置五属国以拒胡,则长城之内,河山之外,罕被寇菑(灾)",说明属国经过长期汉化,人心归汉,成为保卫大汉边疆的重要依靠力量,在西汉边防上开始发挥重要作用。这为汉匈民族的融合、发展起了积极作用,也成为汉武帝以后各朝安置内附少数民族的主要方式。从元狩二年算起,到昭帝时期为止,西汉政府至少设置了安定、天水、上郡、西河、五原、张掖、金城等七个属国,因俗为治。而如果坚持民族同化政策,把他们分散安置在内地,他们不适应农业区的生产方式,容易发生肘腋之患。

除此之外,还有休屠王的亲近部众及其家属也都得到了安置,由于休屠王临时反悔,政治上的可靠性差,所以他的近亲就成为官府的奴婢。如休屠王的太子日䃅和他的母亲阏氏、弟弟伦都被罚为官府奴隶,被派到属于少府管辖的黄门养马(休屠王就是专门为匈奴本部提供马匹的,养马经验丰富)。汉武帝非常喜欢马,尤其喜欢千里马。在一次游乐饮宴中,汉武帝又来了雅兴,命令黄门把马匹牵过来观赏。于是负责养马的人牵着马匹一一从殿下经过,供汉武帝观赏,其中就有休屠王子日䃅。汉武帝的身边站满了后宫佳丽,个个花枝招展,这些养马人无不偷偷抬头窥视廊阶上的美女,只有日䃅目不斜视,牵着马过去了。汉武帝感到很惊讶,就把日䃅找过来询问,日䃅便将自己的身世一一奏告。汉武帝当即对他另眼相看,当天便让他洗澡,赐给衣帽,任命为马监,

第六章　河西受降　威震敌胆

专门负责养马事宜，后升为侍中、驸马都尉，一直升任光禄大夫。日䃅小心谨慎，老成持重，一举一动合乎规矩，从未有过闪失，深受皇帝宠爱，汉武帝对他十分信任，屡次赏赐。有的皇亲国戚私下抱怨说："皇上不知从哪儿找来这么个'胡儿'，竟然当成宝贝。"汉武帝听到后，更加厚待日䃅。因为休屠王曾制造金人用来祭祀天神，所以汉武帝赐日䃅姓金。后来，金日䃅与霍光一起成为托孤之臣，受到重用。

可见，汉武帝选拔人才不拘一格，只要有才能，他就进行提拔和任用，这就不难理解为何卫青、霍去病等能够实现从小人物到将军的人生转变了。

第三节　经营河西固根本

"朔方烽火照甘泉，长安飞将出祁连。"河西战役是汉帝国与匈奴长期战争中最重要的战役之一，在战史上具有十分重要的地位。霍去病的河西之战使汉朝政府对河西一带取得了绝对的控制权，在军事上的意义是非常重大的，基本上实现了汉武帝最初设定的"切断匈奴右臂"的战略目标，从此以后，河西走廊再也没有匈奴军队的身影，即便是匈奴派出的探马也很少涉足此地，匈奴本部失去了与西汉帝国进行角逐的战略要地，只能龟缩在大漠以北，从西部包抄汉朝的严峻形势不复存在。

命将征西极，横行阴山侧。河西之战，汉军歼灭、受降众多匈奴人，使汉匈双方的力量对比发生了重大的变化，战争力量对比的天平加速向西汉方面倾斜。这一仗使匈奴继失河南地后又丧失河西，其统治西部地区的根基便被彻底铲平了。此后，匈奴不仅在与汉朝争夺西域的斗争中开始陷于被动的地位，同时在经济上也因为失去了水草丰茂之地遭受重大的损失，极大地削弱了匈奴支持战争的人力资源和物质基础，匈奴人为之哀歌曰："亡我祁连山，使我六畜不蕃息；失我焉支山，使我嫁妇无颜色。"

焉支山生长着一种植物，开红颜色的花朵，所以名之为燕支花。晋人崔豹《古今注》卷下《草木篇》记载了这种植物："燕支，叶似蓟，花似蒲公，出

第六章 河西受降 威震敌胆

西方，土人以染，名为燕支。中国人谓之红蓝（兰），以染粉为面色，谓为燕支粉。"所谓燕支粉即胭脂粉，匈奴妇女常常用来作为化妆品。"燕支落汉家，妇女无花色。"霍去病率军攻占河西，燕支粉断了来源，这就使得匈奴妇女再也没有办法打扮自己，不能女为悦己者容。作为水草丰美的牧场，一向是匈奴重要的栖息地，"单于每近沙场猎，南望阴山哭始回"，匈奴人"过之未尝不哭"。这充分说明了收复河西对匈奴打击之重。后来，霍去病去世，汉武帝又下令隆重地为其送葬，并"为冢象祁连山"，以表彰他在河西之战中的卓著功勋。这一切，充分反映了汉武帝对这次战役成果的重视。

同时，河西走廊的收复，保障了陇右和关中的安全，匈奴在短短一年内损失无数人，以致"金城（今兰州）、河西并南山（祁连山）至盐泽（今罗布泊）空无匈奴"，使原先的汉朝边郡大大减轻了军事压力，特别是西北方向的北地、陇西和上郡，都已经成为内地，边郡的百姓因而得到了喘息的机会。就在河西之战胜利的当年，汉武帝下诏将陇西、北地、上郡的戍卒减少一半，"以宽天下徭役"，由此减少了军费开支，减轻了百姓的赋税与劳役负担。祁连山北麓有着匈奴最大的马场，西汉接手后继续使用，为汉朝日后养马备战做出了巨大的贡献，闻名遐迩的山丹军马场，就是公元前121年霍去病始创的，是世界最大的军马场。

西汉掌控了河西走廊，切断了匈奴人与羌人的联系。汉武帝统治时期，西汉帝国在北方面临最大的威胁是匈奴，但是西汉帝国在其他方向还面临除了匈奴外的威胁，西北方向的羌族就是要认真对待的敌对势力。事实上，羌族一直是威胁西汉的异己力量，经常与匈奴遥相呼应，进行战略上的互动，在与匈奴的生死角逐中，西汉实在不愿意再增添一个对手，汉武帝适时制定了隔绝羌胡交通、阻止匈羌结盟的方针。河西四郡的设立无疑像一把匕首扎进了匈奴人的胸膛，确保了大汉天下的安定，同时隔开了祁连山南部游牧民族和北部游牧民族的联合，解除了大汉的后顾之忧。也使匈奴失掉了羌族在物力和人力上的支

大汉战神：霍去病传

援，使西汉维持西面边境的安定，从而集中精力，专心应对匈奴。事实上，汉武帝是有先见之明的。在元鼎五年，"先零羌与封养、牢姐种解仇结盟，与匈奴通，合兵十余万，共攻令居、安故、围木包罕"，①，而匈奴也派兵与羌人遥相呼应。武帝遂派将军李息、郎中令徐自为率军10万挺进河湟地区，进行武力震慑，羌人大部归降，如先零羌杨玉归降汉朝就被封为归义侯。为了便于统治归附的羌人，西汉政府于元鼎六年设置护羌校尉，执掌羌族事务②，同时派驻军队监视领护羌族各部。河西稳则天下安，河西走廊像楔子牢牢地钉在了西部，把大汉王朝的国界向西延伸，长安从此成为西汉帝国的中心，坚如磐石。

河西走廊收复以后，鉴于河西地区在与匈奴斗争中的地位举足轻重，又是经营西域的前哨，西汉政府面临的紧迫任务就是进一步巩固和经营这块战略要地。为此，汉武帝大刀阔斧地进行了一系列加强和巩固边防的工作，对其进行有效的统治，从根本上切断匈奴的"右臂"，将河西走廊牢牢掌握在手中。

首先，设置郡县，派驻官吏，加强行政管理。设置郡县，派驻官吏，是加强对该地区管理的有效手段，也是迅速恢复统治秩序的具体途径。河西走廊的匈奴内迁后，原有的匈奴设立的统治机构不复存在，河西走廊处于完全失控状态，必须派官员治理，迅速掌控，防止落于其他势力手中。西汉政府于元狩年间在浑邪、休屠二王的故地设置了酒泉郡③，这是建制设置的初期，比较粗糙。后来因为面积太大，难以管辖，在元鼎初年进行拆分，在酒泉郡的东部以武威县为中心的区域设置了武威郡。后再次拆分酒泉郡，把东部以张掖、令居二县

---

① 《汉书》。

② 《史记》。

③ 据说是因为城下有金泉，其水若酒，入口甘冽，故称为酒泉。也有一说是霍去病倾酒入泉，与将士共饮而得名。

第六章 河西受降 威震敌胆

为中心的地区设置为张掖郡。太初元年，张掖郡疆域再次调整扩充，向西、北拓展，兼有酒泉郡部分辖区，包括了故匈奴昆邪王地和部分故匈奴休屠王地。酒泉郡的疆域也得到了拓展，到达张掖郡以西直至盐泽一带。太初四年，武威郡的疆域向东南延伸拓展，占有原来张掖郡的部分东部疆域。后元元年，又把酒泉郡西部疆域单独划出，另外设置了敦煌郡。武帝后，河西四郡的疆域又陆续有所调整，到西汉末年最终形成了敦煌（今甘肃敦煌西）、酒泉（今甘肃酒泉）、张掖（今甘肃张掖以北）、武威（今甘肃民勤），四郡由西到东依次排列的格局，四郡下辖35个县，像内地一样，全部由中央政府派员管理。这就是有名的河西四郡。加上敦煌以西的阳关和玉门关，史称"列四郡，据两关"，实现了汉武帝"断匈奴之右臂，张中国之左掖，扬汉家之武威"的战略构想。玉门关位于敦煌城西北约75公里的戈壁滩上。相传从西域输入的和田美玉经过此关，故而就叫玉门关。阳关位于河西走廊的敦煌西南70公里南湖乡的"古董滩"上，因坐落在玉门关之南而取名阳关。"西出阳关无故人"，"春风不度玉门关"，两关成为极边之地的代名词，历代文人骚客为之吟哦不已。守西域的都护班超在垂暮之年上书给汉和帝道："臣不敢奢望到酒泉郡，但愿生入玉门关。"其实，大汉帝国的西部边界远不止此，西域才是王朝的极边之地。

其次，修筑城池等军事设施，建立完备的防御工程。仅有行政机构是远远不够的，必须进行军事设施建设，配备军事官员，才能为河西走廊装上安全防护网。政府开始修建城池，除了河西四郡，"汉使光禄勋徐自为出五原塞数百里，远者千余里，筑城障列亭至庐朐……使强弩都尉路博德筑居延泽上"。居延泽是霍去病二征河西经过之地，这里土地肥沃，水草丰美，既是重要的农牧区，也是军事要道，所以西汉政府在这里筑城驻军把守，元鼎六年"又数万人渡河筑令居"。西汉政府又沿河西走廊建立了烽燧、塞障、天田、棱柱、关隘等以长城为主的军事防御工程，兴建了长达三四千里的障塞亭燧，以致"玉门山嶂几千重,山南山北总是烽"。在郡守下设置了军事长官"都尉",在属国设置了"属国都尉",在关口边隘设置了"关都尉",还在一些郡设置了"部都尉"和"农都尉",管理郡中各种事务。同时还修筑了固阳道,沟通天山南北与中原的联系。至此,汉廷在河西建立了一个较为完善的军事行政体系以及防御工事。全线以壕沟代替墙垣,埂上筑烽燧,可谓"五里一燧,十里一墩,卅里一堡,百里一城"。由此可见,西汉政府为了有力掌控河西走廊,建设了史无前例的工程,付出了极大的努力。

再次,实行军屯,且耕且战,巩固边防。西汉时期的军队屯田,始于汉文帝。自汉武帝之后,随着与匈奴战争规模的扩大,西汉先后占有河南地、河西走廊,而且也占领了漠南地区,这大片旷土需要有人驻守,且耕且战、寓兵于农就成为必然的选择。因此,西汉在西北边陲的屯田规模也渐次扩大。北部的朔方、五原、北地郡有军屯;河西走廊的令居、番和、居延、敦煌、酒泉、武威也有军屯。屯田兵不仅分布地区广,而且规模很大,极盛时曾达"六十万人","令居、朔方、西河、河西开田官,斥塞卒六十万人戍田之"。边郡设置的农都尉,就是主管军队屯田殖谷事宜。军事屯田,且耕且战,闲时躬耕陇亩,春种秋收,夏盖冬藏;一旦有警,马上进入战备,取得了"内有亡费之利,外有守御之备"的功效。可见,屯田兵在御边中作用明显,是西汉边防力量中不可或缺的组成部分。

最后,移民实边,开发河西。春秋时期著名政治家管仲认为"地之守在城,城之守在兵,兵之守在人,人之守在粟"。管仲将粮食视为军队守卫疆土、抵御敌寇来犯的必备物质条件,是战争中的攻守之本。西汉著名政治家晁错也向汉景帝进言:"有石城十仞,汤池百步,带甲百万,而亡粟,弗能守也。"自古"凉州之蓄为天下饶",发展农业的条件也很优越,河西走廊逐渐成为汉帝国进行人口调节舒缓经济压力的蓄水池。内地由于土地兼并,人多地少的矛盾十分突出。而河西走廊沃野千里,水源条件好,适宜发展农牧业生

第六章 河西受降 威震敌胆

产,可是没有人是难以实现边疆开发的。因此,移民就成为一项巩固边防的有力措施。元鼎六年,"分武威、酒泉地置张掖、敦煌郡,徙民以实之"。汉代最早的移民多来自关东各个郡县,主要指潼关以东的陕西东部、河南、山东、河北一带无地和少地的农民,从而开始了从内地向河西大规模的移民。西汉各级政府在移民中起了引导和帮扶作用,"募徙贫民,县次给食。到徙所,赐田宅什器,假于犁、牛、种、食",减免租赋,并"预冬夏衣,能自给为止"。可以说,对于移民而言,当时政府的投入可谓解了燃眉之急。缺少了政府的帮扶,移民热情不会那么高,规模不会那么大。汉代的移民开发,成就了河西走廊"宴然富殖""仓库有蓄,民庶殷实"。除了民屯,还有因犯罪被流放到边疆的人在那里戍边屯田,类似于劳动改造,久而久之,他们中的很多人也留在那里繁衍生息,既补充了兵源,又解决了开发的劳动力,人口的增加为巩固河西的稳定起到了关键的作用。因此,大批内地农民前往垦耕,繁衍生息,加上西汉政府的有意引导,使河西走廊很快成为西汉帝国重要的农业和牧业生产基地,对于缓解内地土地资源的紧张,起了很大的作用。同时,大量移民也成了巩固国防的生力军。河西走廊得天独厚的地理位置成就了世外桃源,西汉以后中原爆发的战争很少波及这里。所以,河西走廊的生产力得到了空前的发展,尤其是农业生产技术在全国遥遥领先,河西成了富饶之地,素有"金张掖、银武威"之称,河西人民过着丰衣足食的生活。据史料记载,即便是极边之地的敦煌,存谷最多时达"万三千六十石五斗八升",居延存谷最多时是"万二千四百七十石三斗"。随着经济发展和人口的增多,至西汉末年,河西地区已成为国家重要的经济及行政区域。据《汉书·地理志》记载,酒泉郡当时属县有9个,人口76 726人;张掖郡有县10个,人口88 731人;敦煌属县6个,人口38 335人;武威属县10个,人口76 419人。

水是农业的命脉。河西走廊深处内陆,降雨稀少,农业用水几乎全部来自高山冰雪融水,每年夏天,祁连山上的冰雪融化,形成了很多胡泊和河流。事

 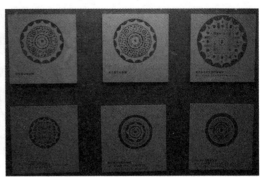

茂陵博物馆展出的汉代铜镜及拓本　于博文　摄影

实上，四郡中酒泉和敦煌有疏勒河（古称端水），张掖有黑河（古称弱水），武威有石羊河（古称谷水）。西汉对四郡的经营，主要是以这三条内陆河流而展开，围绕着水做文章。西汉政府在设置专管屯田的各级官员时，还专门设立了专管水利的官员，主管水利事宜，负责组织军民兴修水利，引水截流，开挖沟渠，使得大片荒芜之地得到灌溉成为良田，灌溉农业得到了飞速发展，进一步推动了河西的开发。这样，长期被匈奴作为从西部进袭中原战争策源地的河西地区，便逐渐变成稳定发展的农业生产地区。牧业也发展起来。河西地区"地广人稀，水草宜畜牧，故凉州之畜为天下饶"，出现了"天苍苍，野茫茫，风吹草低见牛羊"的景象。

第五，河西走廊是中原通往西域的咽喉通道，具有十分重要的战略地位，以其独特的地理位置与优越的自然条件，成为中原通往西域、中亚以及欧洲的必经之路，也曾是中国西部民族迁徙和自然流动的一条重要通道，同时也成为古代各民族交流的历史大舞台。霍去病两次西征，打败了匈奴在河西地区的势力，为打通西域通道，将西域诸国同内地紧密地联系在一起创造了条件，也为西汉王朝与匈奴争夺西域的控制权，为开疆拓土、经略西域提供了前沿阵地，奠定了坚实的基础。

张掖之得名就由"张国臂掖，以通西域"而来，其中所蕴含的沟通中西交

第六章 河西受降 威震敌胆

流的战略意图不言而明。经过张骞的"凿空"和霍去病的军事胜利,丝绸之路进入了空前的繁荣时期,各国使者"相望于道",中西陆路经济、文化交流的大动脉从此畅通无阻,搏跃不息。河西四郡以其独特的地理位置和重要的军事、政治中心作用,在丝绸之路兴盛之后,成为中外陆路贸易由中原进入西域地区的重要中转站和贸易中心之一,并且长久不衰,从而造就了商业的繁盛。尤其是敦煌、武威,在日益繁荣的商业贸易中,占尽地利,原先的蛮荒之地逐渐发展为重要的工商业城市,人烟辐辏,店铺林立,百业兴盛,繁华程度不亚于内地商业都会。有人曾经描写过武威上元灯会的盛况,"千条银烛,十里香尘。红楼逦迤以如昼,清夜荧煌而似春。郡实武威,事同仙境"。其热闹繁盛可见一斑。

为了维护秩序,确保丝绸之路畅通无阻,汉代还在商旅必经之地设置了玉门关、阳关,在此勘核关文,稽查商客,保护行旅,查缉不法,捉拿罪犯。经过苦心经营,河西走廊商旅往来络绎不绝,一片繁荣,呈现了"自兵威之所肃服,财赂之所怀诱,莫不献方奇,纳爱质,露顶肘行,东向而朝天子","驰命走驿,不绝于时月;商胡贩客,日款于塞下"①的兴盛局面。"通关市,饶给之,往来长城下","殊方异物,四面而至","西北外国使,更来更去",充分展现了当时经济、文化交流的盛况。此后汉朝和西域的经济文化交流日趋频繁。西域的葡萄、核桃、苜蓿、石榴、胡萝卜和良马、地毯等特产传入内地,并在内地进行引种和推广,丰富了汉族的经济生活。汉族的铸铁、开渠、凿井等技术以及丝织品、瓷器、金属制品等,传到了西域,促进了西域的经济发展。

当然,西汉边疆经济开发成果的取得,是以国家巨大的财政支出为基础的。史谓"边郡诸官请调度者,皆为报给,损多益寡,取相给足"。应劭曾经

---

① 《后汉书·西域传》。

说"武帝始开三边,徙民、屯田皆与犁牛"。徙民实边"衣食皆仰给县官,数岁,假予产业,使者分部护之,冠盖相望,其费以亿计,不可胜数。于是县官大空",这应该是比较真实的情况。至于城防工事及交通的建设更是投资巨大,成为一个吸纳西汉财富的巨大黑洞。例如仅筑朔方城"费数十百巨万",而汉武在西北所筑的三四千里障塞亭燧,其费用之巨就可想而知了。所以,没有西汉前期积累的巨大财富,边疆开发是难以做到的。

第七章

漠北决战 封狼胥居(上)

匈奴撤退漠北，其目的有二：一是暂时避开汉军的攻击锋芒，实行战略收缩；二是引诱汉军深入沙漠腹地，利用大漠天险拖垮汉军，然后聚而歼之。而汉武帝却想毕其功于一役，深入漠北，犁庭扫穴，彻底解决为患百年的匈奴，还汉家子孙后代一个长治久安。于是，中国战争上的最富想象力的战争奇观随之出现了。

第一节 撤兵漠北诱敌入

漠南会战后，伊稚斜单于听从赵信的建议，不再与汉帝国硬碰硬，把大兵撤到大漠以北。其目的有二：一是暂时避开汉军的攻击锋芒，实行战略收缩；二是引诱汉军深入沙漠腹地，利用严酷的自然条件拖垮汉军，然后聚而歼之。也正是匈奴大军北撤，使河西走廊的敌军处于孤立无援的境地，给西汉帝国创造了机会，拿下了河西走廊。伊稚斜单于尽管对河西走廊的丢失大为恼火，然而也是无可奈何。汉匈之战的攻守形势发生了根本性的变化，汉军取得了战略主动权，寻机对匈奴展开新的更大的打击。伊稚斜单于面对这一局面也难有主动作为。

这时赵信再次建议单于，要求继续执行诱敌深入的计划。他认为匈奴的人口数量还不如汉朝一个大郡的多，经济总量不及汉朝两三个大城市之和，但是匈奴控制的领土面积广大。汉朝的优势是人多，钱多，兵多，粮足；匈奴的优势是地广，马多，地盘大，战场回旋余地大，机动灵活。所以，决不能跟汉朝硬拼实力，要拼就拼地利，拼战略纵深。当汉军已经能够在马上与匈奴军队相争锋的时候，这时继续沿用以前的战法，与西汉帝国的军队血拼，拼一个少一个，早晚匈奴军队会被汉军一口一口吃掉的，最后匈奴会面临亡国灭种的威胁，这样做是很不明智的。形势比人强，到了改弦更张的时候了，那就是以己

第七章　漠北决战　封狼胥居（上）

之长，克敌之短。这时候对付大汉帝国的有力武器，不是来去如风的精骑，不是箭无虚发的强弩，而是难以逾越的天险大漠，是漠北茫茫草原所赋予的战略纵深。汉军要想继续对匈奴动武，茫茫大漠是他们必须穿越的死亡之海，只要他们进入了这片死亡之海，饥渴交加、疲惫不堪的汉军就只能引颈待戮，乖乖受死，大漠也就成为汉军的天然埋葬场，匈奴不费吹灰之力就能扭转局势，取得战争的胜利，重振雄风。

赵信的分析可谓说到伊稚斜单于的心坎上，不能再跟汉朝在边境耗下去了，这样的日子没有尽头，而旷日持久的战争对匈奴来说就意味着等待死亡，只有大漠尽头才是他们的生机。于是，一场匈奴历史上规模庞大的大迁徙开始了，匈奴单于率领本部军民数十万人，离开了长期以来繁衍生息的家园，穿越戈壁沙漠，长途跋涉，来到漠北酷寒之地。长城南北顿时一片空虚，成为无主之地。

匈奴疆域辽阔，东至大兴安岭，西至葱岭，南抵长城，北方至西伯利亚地区，东西大约1万公里，南北大约5000公里。而赵信所说的大漠，则是指长城以北包括如今的内蒙古以及蒙古国的东戈壁省、中戈壁省和南戈壁省等广大地区，这里属于典型的大陆性气候，夏季炎热，冬季寒冷，昼夜温差极大，地表基本上是沙漠戈壁，黄沙漫漫，荒无人烟，一派肃杀景象。湛蓝天空下，大漠显得浩瀚、苍凉、雄浑，千里起伏连绵的沙丘如同凝固的大海波浪一样高低错落，绵延无边，大漠孤烟直，长河落日圆，气势雄浑壮丽，这是人们的直观印象。其实，详细考察，这片大漠也并非全无生命迹象。霍去病北征大漠的行军路线史无明载，也没有明确的地点进行标识，显然表明了大漠的荒芜。大致而言，霍军从代郡出发后，越过长城，进入大漠，进入了现今蒙古的东戈壁省，再穿越中戈壁省，这是最艰苦的行军地段，即俗称的大漠。然而，这里并非一片荒原，以东戈壁省为例，地下水源丰富，有些地方涌出地面，成为泉水，泉水汇集，形成小河，多条小河合流，就形成了湖泊。东戈壁省分布着大大小小

茂陵博物馆展出的汉代云气纹朱雀熏炉、鎏金铜熏炉
于博文　摄影

200多个湖泊,散布在方圆11.5万平方公里的土地上,形成了星星点点的草原,即便在连绵辽阔的戈壁地区也是野生动物的乐园,生活着很多野驴、野骡、盘羊、野山羊、黑尾黄羊、短尾黄羊和猞猁等野生动物及鹰等飞禽。中戈壁省也是草原荒漠地带,地势平坦,形成了现在蒙古所谓的奥力道赫、图格赫格、诺莫根、额尔古纳河等大片连绵的戈壁区,翁根河流经该省的西部地区。当然,在这样的地方行军,必须有熟悉地形的向导,才能在茫茫沙漠戈壁中顺利找到水源草地,否则真的进去了就出不来了。

穿过沙漠之后,就来到了现今蒙古的肯特省。肯特省因肯特山而得名,肯特山在汉代称"狼居胥山",在今蒙古国首都乌兰巴托的东北,这里是黑龙江上游鄂嫩河和克鲁伦河两河的发源地,汉朝称克鲁伦河为"弓卢水"。这个地名出现在霍去病北征的路线图上,左贤王王庭就位于克鲁伦河上游,与图拉河交界的地方,这里是夏季放牧的好地方,在那里可以避暑,休养军马,养精蓄锐,也是个得天独厚的风水宝地。克鲁伦河则是一条草原河流,宛如平野中一条鲜亮的飘带,蜿蜒曲折,流向东北,最终注入了呼伦湖。呼伦湖孕育了富饶的呼伦贝尔大草原,这里莺飞草长,水草丰茂,大量的牛羊散落其间,是左贤王所部的生命所系之地。呼伦贝尔草原东接大兴安岭,越往东去,地形越来越高,树林开始生长,最后则是一片一望无际的林海,这里是东胡故土,生活着原来东胡部落的一支。克鲁伦河的南岸毗邻地区是一望无际的戈壁沙漠。所以,霍去病大军在到达克鲁伦河之前,一直在水草稀少的沙漠戈壁中跋涉。

第七章 漠北决战 封狼胥居（上）

肯特山脉是中亚的分水岭，是多条河流的发源地。发源于肯特山脉的河流有鄂嫩河、克鲁伦河、图拉河、巴尔吉河、呼尔赫河、乌拉兹河等70余条大小河流，见于汉朝史籍记载的除了克鲁伦河，再就是图拉河，图拉河在汉代称为"余吾水"。肯特山西边的博格多兀拉山脉把克鲁伦河流域和图拉河流域分开，汉代称此山为"姑衍山"，山上海拔1700—2500米的地方长满了稠密的针叶林，桦树和山杨，这片森林被匈奴人认为是神灵的居所，匈奴人尊之为"圣山"。霍去病大军在这座山上祭告天地。由此来看，两座山之间相距近百里，可见霍去病搞的两次祭拜山神的活动不是在一天内完成的，霍军在这个地域应该进行了较长时间的停留。再往北就是色楞格河北部流域了，这里的下游草原与西伯利亚连绵不断的针叶林的交界处被称为"雄驼草原"，驼鹿在这里生存，这里统称为外贝加尔湖地区，穿过这片草原就是一片原始森林了，再往北就是浩瀚无垠的贝加尔湖了，至于霍去病在何处眺望贝加尔湖，则难以确定。不过，由此可以看出，霍去病大军在祭拜了天神和地神后，又继续向北行军了很长一段距离，否则即便是远眺也看不到如今的贝加尔湖的。[①]

且说一切布置停当后，伊稚斜单于开始实施计划已久的诱敌深入计划，元狩三年（前120年）春就迫不及待地与左贤王所部分别派出大股骑兵，从右北平、定襄两郡入犯，杀掠边民千余人，然后迅速撤兵，企图借以激怒汉武帝，诱使汉军北进，在漠北予以歼灭。

---

① 本节根据《胡辣羊蹄的博客》采写，匈奴地理经济以及左右贤王王庭所在地。

第二节　秣马厉兵备战急

"边庭流血成海水，武皇开边意未已。"鉴于匈奴单于本部及左贤王部仍具相当实力并严重威胁汉朝北部边疆安全的现实，考虑到汉军经过以往多次实战的锻炼，已经积累了使用大规模的骑兵长途奔袭的作战经验，汉武帝决意乘河西新胜之机，再接再厉，加强北线进攻，直捣匈奴的老巢。

可是，战争是要花钱的，而且是个无底洞：筹备战争要花钱，战后抚恤要花钱，立功奖赏要花钱。汉武帝在这些方面从来不吝啬，出手格外大方，可长期的对匈战争已经掏空了大汉帝国的钱袋子，文景二帝积攒的雄厚家底早就耗光了，天下虚耗，国库空虚，没有钱，什么事都不能办。因此，汉武帝最先要做的工作就是筹钱。为了筹集战争经费，汉武帝任用桑弘羊等人，多管齐下，采取了以下几个方面的措施。

第一，垄断盐铁专卖权，开辟财源。西汉前期，在"无为而治"的思想主导下，"开山泽之禁"，政府对各个领域的控制是比较宽松的，各种经济资源的开放使各个行业都能使人发家致富。据司马迁估算，千户侯每年租税所得为20万，而善于经营的布衣庶民，不论从事何种行业，每年也能轻松获利20万，"其人皆与千户侯等"。而获得千户侯的封邑可不是那么容易的。特别是对获利最为丰厚的制盐、冶铁、铸币等行业，也允许民间经营，从而出现了大量的

第七章 漠北决战 封狼胥居（上）

靠经营冶铁、煮盐发家致富的大商人，如鲁人曹邴氏，"以铁冶起，富至巨万。齐之刁间，役使奴仆，使之逐渔盐商贾之利"；蜀地的卓氏、程郑以及南阳孔氏，也是由于"大鼓铸"，又"通商贾之利"，富至巨万，腰缠万贯。这些人虽然"无秩禄之奉，爵邑之入"，在政治上没有地位，可是生活阔绰，一掷千金，他们凭借财富兼并土地，横行乡里，衣食用度僭越等级，骄奢淫逸不守法度，攀比之气赫然成风，"周游天下，交易之物莫不通，得其所欲"，过着富比王侯的日子。而当国家财政困难之际，豪商大贾们"财或累万金，而不佐公家之急"，甚至借机哄抬物价，"乘上之急，所卖必倍"。①商人的财富难以转化为国家的财富，而且"豪强大家得管山海之利，采铁石鼓铸煮盐。一家聚众，或至千余人，大抵尽收放流人民也。远去乡里，弃坟墓，依倚大家，聚深山穷泽之中，成奸伪之业，遂朋党之权，其轻为非亦大矣！"如文景帝时期吴王刘濞的一大财政收入就是煮盐，从而拥有了挑战中央政府的经济基础。这些财富当然引起政府的注意和眼红，对他们开刀是迟早的事，而最简单的办法就是收归国有，独占这些利润丰厚的行业领域。

元狩三年，负责西汉帝国财政收支的大农令郑当时，为了弥补财政的亏空，向汉武帝推荐了山东的大盐商东郭咸阳和河南南阳的大冶铁商孔仅，担任大农丞，利用他们经商的经验和技术，负责管理盐铁事务，通过将盐铁收归官营，来增加国家的财政收入。以内行人办内行事，起用这帮人来管理盐铁事务可谓找对了人，一方面

茂陵从葬坑出土的鎏金蹄形案栏　于博文　摄影

---

① 《史记·货殖列传》。

他们拥有丰富的生产经营经验，熟悉生产的各个环节和流程，弥补了政府经济人才的不足；同时他们长期在这些领域摸爬滚打，了解很多偷工减料、营私舞弊的法子，用他们对昔日的同行进行监督，可以查知其奸，同行们不敢作奸犯科。而且他们为了保住位子，也相当卖力，采取了很多有效的措施。其主要措施是将原属少府管的盐铁划归大农令管，由国家垄断盐铁的生产，不许私人经营。汉武帝派孔仅和东郭咸阳到全国的各个盐铁产区，选用有管理经验的盐铁富商充任各级盐官或铁官，建立起全国统一的盐铁专营机构。据《汉书·地理志》的记载，全国27郡有盐官共36处，铁官在40郡中有48处。东北远至辽宁的盖州，西南远至云南的安宁，西北达内蒙古的河套，东南到浙江的海盐，南至羊城，到处都有盐铁的管理机构。这样国家就垄断了盐铁的生产和销售。①

对于盐，由于技术要求低，盐场分散，西汉政府实行食盐专卖制度，即在产盐区设立盐官，招募平民制盐，按日发给报酬，盐农生产完毕，在盐官的监督下将煮成的盐全部售给国家，再由官府运往全国各地出售，个人不得私售，从而把食盐的生产和销售环节牢牢掌握在手中。

铁的专卖与盐有所不同，它采用的是完全由国家垄断的形式，在郡国出铁处设铁官进行生产，不出铁的地方设置小铁官负责销售事务，生产和销售完全由国家进行控制。因为不但铁的冶炼技术比煮盐要复杂得多，而且成本高和规模大，所以它主要采取国家经营的方式。由于官营冶铁资金由政府投资，财力比较雄厚，生产设备相对先进，所以它比起私营的冶铁业作坊，有更多的优越性；当然也更加容易控制冶铁业的生产与销售渠道，赢利全部上缴国库。

汉武帝利用盐铁商人的经验和生产技术以及经营手段，给予他们高官厚禄，放手让他们经营盐铁专卖事务，而这些盐铁官也很卖力，他们熟悉生产工艺和流程，了解各种销售渠道，更懂得内部的各种底细，所以手段更高明，措

---

① 《汉书·地理志》。

第七章 漠北决战 封狼胥居（上）

施更得力，从而把以前绝大部分流入盐铁商手中的丰厚利润转入西汉统治者的国库中，为封建社会的财政收入开辟了稳定的财源。为了保证盐铁专卖制度的实施，西汉政权还实行严刑峻法，对违反者予以重罪，"敢私铸铁器煮盐者，钛左趾，没入其器物"，钛左趾，就是在左脚上戴上脚镣。

西汉政府对获利最为丰厚的盐铁实行官营，从增加政府的财政收入，打击地方豪强的势力，以及发挥某些大规模生产协作的长处上来说，起了积极的作用。盐铁专卖制度增加了国家财政收入，这是它产生的最直接的影响。"是以县官用饶足，民不困乏，本末并利，上下俱足"，"当此之时，四方征暴乱，车甲之费，克获之赏，以亿万计，皆赡大司农"。①可以说，汉武帝时期的财政很大程度上是依靠推行盐铁专卖制度而支撑的。

第二，实行算缗和告缗，对工商业者征收重税，这实际上是对工商业者的一次大规模的洗掠。所谓算缗，就是所有的工商业者都要如实向当地政府申报自己的财产，当地政府再根据其财产多寡抽取一定的份额。根据《史记·平准书》记载，其主要措施如下：工商业主、高利贷者、囤积居奇者以及一般从事商业的人，不论有无市籍，每家估计财产多少呈报政府，二缗抽取一算的税（一缗为一千钱，一算为一百二十钱），小工商业者可以减半抽税（四千钱抽税一百二十钱）。凡有乘坐马车的（除了官吏和乡官三老以及北边骑士外），一般人有轺车者每辆抽税一百二十钱，商人加倍，每辆轺车抽税二百四十钱。五丈以上船只，每艘抽税一百二十钱，五丈以下的免税。如果隐瞒不报或者呈报不实，罚戍边一年，并且没收全部财产。禁止有市籍的商人及其家属占有土地，违令者，没收其田宅奴婢。为了避免富商大贾隐匿财产，或者以少报多，或者隐匿不报，又实行了告缗，即对不如实呈报财产的人，鼓励大家告发，经调查属实者，除了被告发人的财产被全部没收、戍边一年外，告发的人可得到

---

① 王利器．盐铁论校注[M]．天津：天津古籍出版社，1983．

被没收财产一半的奖赏。由此可见,算缗、告缗的主要矛头是指向拥有大量资财、广占田宅奴婢的豪商大贾。这既是为解决财政困难的燃眉之急,也有打击豪商的用意。为了将这个制度落到实处,汉武帝任用了一批残酷无情的酷吏打手,派遣御史和廷尉去各地审理告缗专案,由当时以严酷著称的御史中丞杜周负责审理全国告缗案件,用严刑峻法搜刮了数以亿计的民间财富,将数千万奴婢没入官府,其他没收入官的土地、住宅更是不可胜数。中等以上的工商业者纷纷破产,对工商业的破坏性极大,商业为之凋敝,而政府的国库却充实起来,有力地支援了汉武帝的战争。①

第三,整顿货币。汉朝初年国家没有掌握钱币的制造,而是采取放任自由的政策。随着社会的稳定和商品经济的发展,商业开始兴盛,钱币在商品流通中的作用越来越大。由于政府没有统一规定钱币的形制、重量,民间铸钱的风气盛行,并且逐渐成为最赚钱的一个行业。一些地方豪强和大商人,常常在铜内杂入铅、铁,铸造大批的劣钱来牟取暴利。政府虽然一再禁止和打击,但因为有利可图,而且铸钱者又多是一些有权有势的人物,所以私铸之风禁而不止,大量劣钱流入市场,破坏了社会的正常经济生活,造成了通货膨胀,影响了政府财政收入。汉武帝为了整顿财政,在元狩四年(前119年)整顿货币,当时共发行了三种货币:一是皮币,用皇家禁苑里所养白鹿的皮制成,作为诸侯王朝觐皇帝时用来包裹璧玉的用品。由于皇家垄断了白鹿资源,白鹿皮自然可以漫天要价,一张皮币卖价40万,而一块苍璧的价格则不过数千钱而已,实在是本末倒置,这当然是为了强迫诸侯王们为增加中央财政收入贡献力量,通俗一点说就是对诸侯王的敲诈。二是白金币,少府用银和锡按照一定比例混合制作而成,面值规定有点离谱,有三千、五百和三百三种,面值与使用的材料不成比例,获利较多,结果引起盗铸白金币的狂潮。三是三铢钱。三铢钱难以推

---

① 《史记·平准书》。

第七章 漠北决战 封狼胥居（上）

行，所以第二年就放弃了三铢钱而改铸五铢钱，市场和货币仍然比较混乱。不过，作为聚敛钱财的应急手段，还是取得了一定的效果。

当然，上述有些政策的实施，本来就是对富商大贾的经济掠夺，遭到抵制乃至反抗是必然的。因此，政策的贯彻和推行是靠铁血手段推行的。在推行白鹿皮币时，当时的大司农、颜回的第十世孙颜异表达了不同意见，惹得汉武帝很不高兴。酷吏张汤与颜异有仇隙，趁机指使人诬告颜异，说颜异在会客时，客人表达对新政的不满，颜异虽然没有表态，但是动了一下嘴唇，因此被定为"腹诽"而被处死，这一案震动朝野，从此"有腹诽之法，而公卿大夫多谄谀取容矣"。

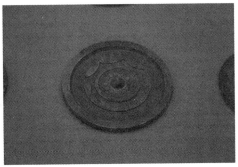

茂陵博物馆展出的汉代铜镜　于博文　摄影

第四，卖官鬻爵，增加政府收入。所谓卖官鬻爵就是出卖朝廷所掌握的政治资源，借此获得经济收入。据史家考证，中国的卖官鬻爵始于秦始皇四年，当年适逢蝗灾大疫，政府准许百姓交纳粟米换取爵位，交纳千石者可以晋爵位一级。

汉代的卖官鬻爵始于汉惠帝六年，"令民得卖爵"①。到了汉文帝刘恒即位，为了增加边塞的粮食储备，他采纳晁错的建议，以爵换粟，鼓励百姓输粟

---

① 《汉书·惠帝本纪》。

于边。"文帝从错之言,令民入粟于边,六百石,爵上造(爵二级为上造,乘兵车也);增至四千石,为五大夫(九级官爵,与县令平起平坐,见县官无须叩礼);万二千石,为大庶长(十八级高等官爵),各以多少级数有差。"[1]臣民们可以用粮食买爵,向朝廷缴纳的粮食越多,买的爵位就越高,借此提高社会地位。汉朝百姓还可以用粮食赎罪。若人们犯了一般罪行,缴些粮食就可以豁免,用不着受刑或坐牢。老百姓还可以用粮食顶差役、顶赋税,以此来刺激农业生产,推进全国务农重农的积极性。

元朔五年春,卫青率领汉军进攻匈奴右贤王,大获全胜。汉武帝不仅封卫青为大将军,而且进行重金赏赐,一共动用了国库黄金20余万斤,加上粮草辎重以及转运费用,汉朝的国库已经不足以支撑得起这次战争了。元朔六年汉武帝设置武功爵,武功爵共分为17级,当时的价格是,第一级17万铜钱,每级加2万,允许出售的最高爵位第八级"乐卿",价格便是31万铜钱,在当时1万铜钱等值于1斤黄金,价格可谓不菲,而且这爵位毕竟是虚的,买主热情不高。为刺激百姓购买官爵的热情,朝廷便给买武功爵的人授以实官,武功爵中的"千夫"与文职中"五大夫"相同,可试用为候补官吏;后来还允许小吏"入谷补官,郎至六百石"。有犯罪前科的人,可以交钱漂白身份,重新进入官场为官。买武功爵到千夫时,犯罪可以减免二等。百姓向朝廷输纳奴婢,就可以免除终身的徭役,郎官向朝廷贡献奴婢就可以升官。这些措施使受爵者能够得到实实在在的利益,人们购买爵位的积极性大为提高,有的人乐此不疲,一买再买,如淮阳阳夏(今河南太康)有个叫黄霸的人以待诏身份捐官做了侍郎谒者,后因兄弟犯罪,被弹劾罢官。随后黄霸又捐谷求官,授补左冯翊,管辖沈黎郡(在今四川汉源一带),负责郡内钱粮事宜。汉武帝通过卖官鬻爵,换取了大量的钱财,光是收入的粮食就"边食可支五岁,郡县可支一岁"。

---

[1] 《汉书·食货志》。

第七章 漠北决战 封狼胥居（上）

  作为新政策的制定和推行者，上述措施被桑弘羊称为"安边足用之本"，当然虽然能济一时之急，其弊端也是相当明显的，行之久远不利于经济的健康发展，对社会秩序也构成了破坏。司马迁曾经借卜式之言"烹弘羊，天乃雨"，借以表达了对新的经济制度的反感以及对桑弘羊的愤恨，但他也客观地记载了新制度带来的实际效果："民不益赋而天下用饶"[①]。总之，通过以上几种手段，汉武帝迅速筹集到可观的战争经费，为漠北大战提供了物质基础。

  在经过了近两年的发展经济、改革税收、积累财富、秣马厉兵的认真准备之后，汉武帝决心向匈奴单于本部和东北部左的势力发动最后的总攻。

---

① 《史记·平准书》。

第三节　沙场点兵复临戎

对于汉武帝深入大漠，进入漠北与匈奴人展开战略决战的构想，朝野上下都觉得是一场豪赌。对西汉帝国而言，这个赌注太大了。漠北旷野千里，黄沙漫漫，戈壁一眼望不到边，且不说还有匈奴大军静伏在大漠深处，摩拳擦掌，专门等待汉军上钩，随时准备投入战场，单是恶劣的自然条件也可能拖垮汉军。出师漠北只能有三种结果：一是遇上了匈奴军队，两军展开激烈战斗，最后汉军战胜了匈奴军队，然后胜利班师回朝，这无疑是最好的结局。可是这个结局对西汉帝国的好处仅仅局限于惩罚性质，既不能收其旷土，也不能治其国民，最终还得退回来；二是大军出动，没有遇上敌军，最后落得个劳师糜饷，怏怏而回。毕竟与以天为穹庐、以大地为床榻的草原对手为敌，敌踪飘忽不定，难以捕捉才是常态，这种可能性很大，以前的交锋也多次出现类似的情况。虽然劳师糜饷，但军队不会有损失，这是虽不好但也不算坏的结局。第三种结局就是梦魇了，即西汉雄兵在茫茫沙漠被匈奴人消灭，几十年的精锐毁于一旦，那么匈奴将会挟战胜之威，如同雄狮一般，横扫汉朝边郡，进而大举进攻内地，攻城略地，马踏长城，直下长安，大汉帝国迎战乏人，只能坐等亡国了。

汉武帝却对后两种情况不予考虑，他信心百倍，认为"赵信为单于画计，

第七章 漠北决战 封狼胥居（上）

常以为汉兵不能度幕（漠）轻留，今大发卒，其势必得所欲"。匈奴军自恃有大漠之天然险阻，汉军绝难渡漠北进，即便是进入漠北，也已是疲劳之师，定会被一举击灭。汉武帝也就是利用敌人认为汉军不敢深入大漠的错觉，趁着汉军兵强将勇、士气高昂之际，集中兵力，出其不意，攻其不备，深入漠北，寻歼匈奴主力。显然，汉武帝决定倾国之力跟伊稚斜进行最后的对决，企图毕其功于一役，一举歼灭匈奴，让后世子孙不用再受北方之累，一劳永逸。

汉武帝要与匈奴展开战略决战的决心既然已下，整个帝国就开始了广泛的战争动员。这一战不仅是汉匈之间的军力较量，也是两国之间国力的较量，所以朝野上下开始在全国范围内着手这次横跨大漠的作战准备。首先是进行马匹的准备。角逐千里荒漠，马匹是最重要的战备物资，没有战马，沙漠作战就是一句空话。战马必须膘肥体壮，而且必须是5至16岁的适龄马，足力健，行程远，经得起大纵深战场的奔波，过老过弱，难以适应战场环境的要求。按照这个要求，在西汉帝国的军马养殖场挑选了优良战马10万匹，全部都是用小米喂养起来的优良品种，按照一个骑士配备两匹马的要求，这个数量是难以满足需要的，于是又让战士自备了4万匹，一共凑齐了14万匹战马。按说这个数量相对于帝国养马规模而言，不算是很多的。可是，战马在战场上损耗一直很大，每一次战役都要损耗数万匹，而且损耗的都是惯于疆场征战的良种马，所以战马的筹措一直是制约帝国战力发挥的一个重要因素。漠北大战之后，汉匈双方休战了很长一段时间，其中固然有着匈奴避战的因素，而战马的匮乏也使得汉武帝不得不按捺住自己的战略雄心。所以，说这14万匹战马已经基本上耗尽了帝国的战马储备。

除了战马，还要有保障大军后勤的马匹，主要用来装运粮草装备，这类马匹要求相对不严格，一共配备了6万匹。这个数量远远不够，于是全国各地官府开始大规模征用民间私马，为了鼓励民间献马，还出台了一系列奖励措施，官兵和平民捐献用于作战或后勤保障的私人马匹，都可以按照贡献马匹的数量得到国库的相应补贴，这样又筹措了一批马匹，总计数量达到了14万匹，基本上满足战场上的需要了。

除了马匹、粮草的准备，还需要后勤人员将战略物资送到前线。兵马未动，粮草先行，后勤补给决定战场乃至战争胜负的结局。孙子说，兴兵十万，日费千金，可谓兵家至论。且不说战争本身的费用，就是转运粮草的运输成本就大得惊人。在以往的战役中，汉军后勤运输保障一直是难以克服的难题。汉武帝时期有调用"牛十万，马三万匹，驴、橐驼以万数"的记录，可谓牛马驴骡齐上阵。依赖内地的转输，"运输之车运塞上者，行数千里，转运之难，大略可想"。由于路途遥远，转运数额巨大，加之运输方式落后，因而运输费用巨大。"中国缮道馈粮，远者三千，近者千里，皆仰给大农"，以致"天下赋输或不偿其僦费"。汉武帝时，转漕之"费数十百巨万，府库并虚"，"赋税既竭，犹不足以奉战士"。这次史无前例的大战，其运输规模无疑更为庞大，耗费更为惊人。

汉武帝征集了50万步卒负责押运粮草，负责转运辎重，保障后勤供应，必要时刻还可以投入战场，补充兵力之不足。为这次大战准备的粮草兵器更是堆积如山，不计其数。

接着就是战场上的主角出场了，那就是战场称王的骑兵。为了准备这次大战，汉武帝下令从全国各地的军队中挑选出了10万名弓马娴熟的官兵，配齐战马，整装满员，士气高昂，厉兵秣马，准备对匈奴发起一场规模空前的骑兵大会战。

接着就是选将了。将者，国之司命也，身系国家安危存亡。特别是这次倾尽国家之力的大会战，选好统帅是胜利的前提和保证。汉武帝钦点了已经卸甲数年的大将军卫青重新披挂出征，统率5万骑兵作为一路大军，配备了前军将军郎中令李广、左军将军太仆公孙敖、右军将军主爵赵食其、后军将军平阳侯曹襄、西河太守常惠、云中太守遂成为部将，组成豪华的将帅阵容。

第七章　漠北决战　封狼胥居（上）

另一路大军统帅就是屡立奇功、风头正盛的骠骑将军霍去病。霍去病属下未配备成名之将，但随同出征的将领，如从骠侯赵破奴、昌武侯安稽、右北平太守路博德、北地都尉邢山、校尉李敢和徐自为等，都是追随他征战数年的老部下，上下同欲，彼此相知。另外还有一些匈奴降将，如归义侯复陆支（因淳王）、伊即轩（楼专王）等，他们熟知大漠地理，惯于在沙漠中行军作战。另外，由于汉武帝的偏爱，霍去病所统率的5万精骑全是经过严格挑选的敢力战深入之士，与主帅的作战风格相似。同时，由于跟着霍去病作战能够立大功享大名，所以汉军中的能战之士都愿意追随他，两大效应相互叠加，使能征惯战、敢于冒险的猛士尽在霍去病帐下。至于马匹兵器也是如此，以至于包括卫青在内，汉军中老资格的将领的将士、马匹、兵器都比不上霍去病。

五月时节，汉帝国的北方已经是桃红柳绿，姹紫嫣红了，而大漠以北冰冻开始融化，小草开始冒头，大地远远望去，一片绿意，牛羊开始下崽，牧民进入了繁忙季节。帝国两大战略兵团在卫青和霍去病的带领下，浩浩荡荡，分东西两路向漠北进发，大军后面跟随着数量更多的辎重兵团，这是规模最大的一次远征。根据战前所得的情报，汉武帝判断匈奴单于主力在西边，所以决定由霍去病率精锐出击定襄（今内蒙古和林格尔西北），准备对单于进行毁灭性的打击；卫青所部出代郡（今河北蔚县东北），专注于匈奴左贤王所部。但霍去病出兵定襄不久，就抓到一名匈奴散兵，据他供述，单于已经率兵转移到东部地区了。这个情报迅速上报汉武帝，于是汉武帝马上改变部署，命令霍去病所部为右部，出代郡，寻歼单于主力；卫青所部为左部出定襄，打击左贤王。

西汉帝国上下整军备战，纷纷扰扰，匈奴方面早就得到了消息，也开始进行战争动员，储藏作战物资，收拢精兵，整顿兵马，在大漠以北摩拳擦掌，准备与汉军一决雌雄，分出高低。这是两大军事强国倾尽全力的生死较量，是中国历史上农耕文明与草原文明的一次巅峰对决，关系到两个民族的生死存亡，也维系着两个文明的沉沦或者胜出。所以，所关匪浅，乃是国脉所系，民族命脉所系，文化存亡所系。

为战争而生，为战争而死。漠北大战也是帝国双璧在其人生中最后一场收功之战，胜则青史留名，败则死无葬身之地。到底鹿死谁手，尚未可知！

第八章

漠北决战 封狼胥居（下）

"万里横行大破胡,沙场西北汉军孤。不因骠骑能深入,知有阴山瀚海无。"漠北大战是战争史上的一次传奇之战,是一场把智慧与勇气发挥到极致的战斗。这次旷古远征,在农业文明时代可以说是难以想象的气壮山河的行动。而以汉武帝为首的西汉帝国君臣能够设计和策划这样的大战,充分显示了大无畏的勇气和胆略,以及制敌于千里以外的雄心壮志,气吞万里的王霸气概,以至于汉朝的臣子面对外来侵犯时,说出了"犯大汉者,虽远必诛"的话语,这种底气就来自于漠北大战形成的后续效应。

第一节　横行千里度大漠

根据汉武帝变更的部署,卫青出征之地是单于本部所属的地盘。北面与西汉帝国的雁门、定襄相接壤,中间横亘着广垠无边的沙漠戈壁,位于蒙古国南部的东戈壁省、南戈壁省、戈壁阿尔泰省等省份,以及我国内蒙古自治区锡林郭勒盟的西部二连浩特一带以南,地域广阔,沙漠连绵,戈壁广布,荒无人烟,行旅断绝。

卫青率前将军李广、中将军公孙贺、右将军赵食其、后将军曹襄等出塞后,探马报告,匈奴单于并未东去,正在大漠以北张弓以待,准备与汉军决一死战。于是他果断改变部署,命令李广和赵食其率领所部从东路迂回策应,以收奇兵之效,自己则带领其余3位将军及所部兵马作为正兵,直接杀奔匈奴本部。不料,卫青兵分两路的决策却遭到了李广将军的强烈反对。

李广已经60多岁了,须发皆白,作为三朝元老,他是这次军事行动中资历最老的将军,一生与匈奴交锋,出生入死,屡踏险地,把自己的青春和热血都献给了反击匈奴的大业。按说到了这把年纪,早就该告老还乡,含饴弄孙,颐养天年了。事实上,这次大规模的军事行动,汉武帝认为李广年齿已长,就没有打算让李广再上前线统兵作战,可是李广接连给皇帝上书,坚决要求上前线统兵打仗。汉武帝最终予以批准,李广才得到了这个披甲上阵统兵作战的

第八章 漠北决战 封狼胥居（下）

机会。

李广为何主动请缨出战呢？这源自于他从军多年来的一个心结，就是戎马一生，竟然没有得到封侯之赏。早在汉文帝时期，李广以精湛的骑射功夫得到了汉文帝的赞赏，汉文帝还说，李广若是生在汉高祖时代，凭借他自己的本事，应该不失封侯之赏。汉景帝时期，李广跟随大军平定了七国之乱，立下了大功，可惜因为私下接受梁王的将军印，让汉景帝觉得他有心走梁王的路线，犯了政治错误，结果与封侯失之交臂。汉武帝对匈奴用兵以来，李广参与了多次大战，如前所述，时运不济，命运乖张，不是无功而返，就是遭遇敌军主力，从来没有取得过一次辉煌的战绩，也就次次与封侯无缘。他的堂弟李蔡同他一起为汉中郎，"为人在下中"，即下等之中，差点就是下下等了，名声也远在李广之下，无论从哪个方面而言，都难以与李广相提并论，但他跟着卫青打了一仗，结果得到了封侯的赏赐，封为乐安侯，后代公孙弘为丞相，位至三公。最让李广难堪的是，他的部下有很多人封侯了，而李广却未得爵邑，官职也没有超过九卿。随着岁月流逝，白发渐生，暮齿渐坠，李广越来越郁结于心，难以排解。有一次，他专门找到一个在当时很有名气的算命先生算命。这个人名叫王朔，他谈及自己的苦闷，道出了人生的困惑："自汉击匈奴而广未尝不在其中，而诸部校尉以下，才能不及中人，然以击胡军功取侯者数十人，而广不为后人，然无尺寸之功以得封邑者，何也？岂吾相不当侯邪？且固命也？"对于这个问题，王朔也不好回答，就反问了一句说："将军回想一下，这一生做过什么令自己悔恨的事情吗？"李广想了想说道："大丈夫明人不做暗事，我一生光明磊落，行事堂堂正正。只是有一件事，我至今依然后悔不已。那还是我当陇西太守时，当时羌族人造反，我许下优厚的条件引诱他们投降，当时来降的有800多人，结果在他们投降的当天我就把他们全部杀了。"王朔顺水推舟接过话头说道："没有比杀降人更大的罪过了。这就是你不得封侯的原因了。"李广听后，将信将疑。

大汉战神：霍去病传

　　这次卫青主张分兵前进，将李广调往东路，虽说是排兵布阵的职责所在，当然也有着自己的内心打算。首先，汉武帝对这次倾尽全国之力的大战非常重视，准备一举歼灭匈奴，永远除掉大汉帝国的心腹之患，可是他虽然应允李广请战的要求，但是他并不看好李广，觉得李广年纪大，时运又不好，让他打前锋可能会误事，影响了这次大战，就得不偿失了。因此，在出征前，他就秘密嘱咐卫青，不要让李广打头阵，让他作为偏师即可，也有着体恤老将的意味。此外，卫青也有着自己的小算盘，曾经对他有过救命之恩的公孙敖在第二次河西之战中迷失了道路，被废除了侯爵之位。这次再次出征，卫青希望在这次大战中让公孙敖打前锋，再立新功，重新获得封侯之赏，所以把李广调开。

　　对于李广而言，这次好不容易才得到出征的机会，也许是自己戎马生涯的最后一次机会，过了这个村，就没有这个店了。李广想再搏一次，争取立功封侯，完美结束自己的军旅生涯。而大将军安排自己作为偏师从东路进兵，东路道路迂回且遥远，水草极少，不利于大军行进，立功的机会很渺茫。所以，李广拒绝调动，愤声抗命。他说道："臣部为前将军，今大将军乃徙令臣出东道，且臣结发而与匈奴战，今乃一得当单于，臣愿居前，先死单于。"寥寥数语，道出了李广心中的酸楚以及渴望疆场立功的强烈愿望。

　　卫青为人宽厚质朴，秉性纯良，性情温和，可是战场上军令如山，军令一下，三军听命，容不得半点含糊。因此，对于李广的抗命不从，卫青毫不客气，直接命令长史行文李广，命其马上回到部队，不得迟疑，否则军法从事。李广知道事情已经无可挽回，于是他也不向主帅卫青告别，满怀怒气地奔赴自己的部队，率军转向东路去了。

　　卫青率领大军艰苦跋涉，进入茫茫大漠，艰辛备尝，出塞一千余里，穿越浩瀚无垠的沙海和戈壁，终于走出了沙漠，来到了地面刚刚返青的沙地。大军来不及喘息，正如事先料想的那样，伊稚斜单于率领大军已经列队恭候了，两军相遇，摇旗呐喊，分外眼红，摩拳擦掌，杀气腾腾，恨不得你吃了我、我吞

第八章 漠北决战 封狼胥居（下）

了你，厮杀即将展开。卫青见敌军已经准备停当，为了防止敌军骑兵冲阵，便命令步卒用武刚车①在阵前环绕为营，弓箭手以武刚车为依托，张弓搭箭，严阵以待，为全军扎住阵脚，稳住阵势，使大军得以安然休整，形成反客为主之势。然后，卫青挥鞭一指，中将军公孙敖率领部下5000名骑兵率先出击，向匈奴军队挑战，伊稚斜单于也命令万骑出动应战。这是关系到两军生死存亡的一战，两军在宽阔的草原上纵横驰骋，只见骑兵奔突，搅起阵阵尘土，刀光闪闪，搅动一片杀气，弓弦作响，箭箭带去死神，两军展开了一场激烈的混战。卫青在战场上观察局势，伊稚斜单于也在拼命督战。两支大军互不相让，你来我往，以命相搏，整个战场陷入一片混战之中。

这真是一场力量与精神的较量，更是一场意志与血性的比拼。两军就这么厮杀在一起，进行激烈的混战。转眼就到了黄昏时刻，战场局势依然不明朗，双方陷入苦战之中。正在这时，一阵狂风掠过，沙地上顿时飞沙走石，沙砾扑面，天空一片昏暗，几乎不见对面人影。卫青一见，马上命令按兵不动的两翼大军从匈奴军队的两翼包抄过去，数万大军齐声呐喊，一齐冲杀过去，把匈奴军队团团包围起来，发动了总攻。

这时匈奴主帅伊稚斜单于终于顶不住了，战斗意志垮了下来。照这样打下去，匈奴军队迟早顶不住，再打下去就会成为汉军的战俘。留得青山在，不愁没柴烧，三十六计，走为上计，于是趁着乱军混战之际，伊稚斜单于坐着由6匹骡子拉着的车，带着数百名贴身护卫，趁着大军不注意，冲出包围圈，向西北方向逃窜而去。

---

① 古籍《兵法》云："有巾有盖，谓之武刚车"。武刚车长二丈，宽一丈四，车外侧绑长矛，两侧放置盾牌，外侧有车围，上面有车盖，车如其名，既武且刚，是一种非常坚固的军用战车。武刚车用处很多，可以作为辎重车，运送士兵、粮草、武器，也可以用来冲锋，车身要蒙上牛皮犀甲，捆上长矛，有的武刚车还有射击孔，弓箭手可以在车内通过射击孔射箭，简直就是一辆古代的装甲运兵车。武刚车还可用来防守，把武刚车环扣在一起，首尾环接，转瞬间便可连成一道防线，能有效阻止敌骑的冲击。

大汉战神：霍去病传

天色昏暗下来，两军依然在苦苦缠斗，到处尸横遍野，血染黄沙。这时汉军左校抓到一名俘虏，经过审问得知，伊稚斜单于已经逃走了，卫青马上命人在战场上大声呼喊，"单于逃跑了。"同时命令一支军队跟踪追击，抓捕伊稚斜单于。正在苦苦支撑的匈奴军队听说单于已经逃走的消息，作战的意志迅速动摇，汉军趁势发起最后的攻击，匈奴军四散逃跑，汉军趁机砍杀，大破敌军，歼灭敌军主力1万余人。正可谓"月黑雁飞高，单于夜遁逃。欲将轻骑逐，大雪满弓刀"。

卫青挥军继续向西北纵深追击，沿途继续捕杀四处逃散的匈奴溃兵，追出200多里，一直打到寘颜山（今蒙古国纳柱特山）的赵信城（今蒙古国哈尔和林市东南），这是伊稚斜单于特地为赵信修建的城池，位于鄂尔浑河南岸。此时偌大的城池里面早已空无一人，匈奴人早就跑光了。这里是匈奴人的后勤保障基地，里面储备了大量的粮食、草料，还有马匹和器械。卫青命令全军在赵信城休整了一天，补充了粮草和马匹，然后命令军队放火烧城，整个赵信城连同剩余的粮草一同化为灰烬，然后大军凯旋。王昌龄在《从军行》中写道："大将军出战，白日暗榆关。三面黄金甲，单于破胆还。"

卫青大军回到漠南，遇上了李广和赵食其率领的军队。原来，两位将军在东路进兵途中，因为向导死亡，结果在茫茫大漠中迷失了方向，从而耽误了约定的军期，失去了与卫青会师并投身战场的机会，不但又一次错失了封侯的机会，而且要受到军法的处置，李广心中的滋味可想而知。卫青派长史押送了大批干粮酒食送给李广所部，作为犒赏，同时要李广汇报迷失道路等情况，准备把出征情况上奏汉武帝，李广愤然不答。长史讨了个没趣，怏怏而回，把情况向卫青汇报了。卫青大怒，再次命令长史责成李广到卫青幕府对"簿"，"簿"是指文书法令，也就是按照汉朝的军法来定李广"失道"之罪。此时的白头老将羞怒交加，把心一横，对长史说道："诸校尉无罪，乃我自失道。吾今自上簿。"把全部责任揽到自己头上。

第八章 漠北决战 封狼胥居（下）

李广来到自己的中军大帐，对着部下长叹一声，说道："我结发从军，到现在与匈奴接战70多次了。这次有幸跟随大将军再次出征，本想立功杀敌，可是大将军却命令我作为迂回之兵，而我却又偏偏迷失了道路，这不是天意吗？我已经60多岁了，没有脸面再受到刀笔小吏的挫辱。"说罢，面色一横，毅然拔刀自刎。一代名将，至此陨落。[①]右将军赵食其回到京城，被交付军法审判，依照法律应当处死，赵食其交了赎金，被免除一切职务，成了平民百姓。

李广一死，部下将士痛哭失声，全军为之缟素。百姓闻之，无论认识与否，皆为之流涕叹息。既为西汉大军失去一员抗匈奴名将而惋惜，又为其时运不济而感叹。李广一生为国拼杀，威震敌胆，"但教千古英名在，不得封侯也快人"。他老来以死向命运抗争的真性情深深触动了无数文人骚客的心怀。千百年来，无数失意文人在李广的遭遇中看到了自己的影子，暗合了自己的遭遇，以李广为题材，或歌或咏，抒发内心的感受，以他人之酒杯，浇自己心中之块垒。唐朝著名诗人王勃曾在《滕王阁序》里以"冯唐易老，李广难封"来抒发人生际遇之无常，命运之坎坷。千百年来，李广成为怀才不遇的典型，英雄末路的写照。王维更是以一句"卫青不败由天幸，李广无功缘数奇"作为这场封侯之争的点睛之笔。

这次卫青率领大军出征，一举歼灭了匈奴本部生力军1.9万人，烧毁了匈奴准备了几年的粮草，使匈奴一度处于饥寒交迫的境地。唯一美中不足的是伊稚斜单于逃脱了，这让汉武帝很不爽，还有一点就是李广自刎而死，卫青与李广之死不能说没有一点关系。因此，虽然卫青大军立功，但是汉武帝没有予以封赏。

---

① 《汉书·李广苏建传》。

第二节　扬名立万临瀚海

"金鸣斗马嘶,萧萧短兵发。"霍去病率领大军从东路出击。他出击的地方是左贤王的领地,左贤王王庭所在地在肯特山以东的克鲁伦河至呼伦湖一带,呼伦湖周围是富饶的呼伦贝尔大草原,水草茂盛,牛羊成群。南邻山西西北和河北北部,与西汉帝国的代郡、渔阳郡、右北平郡、辽西郡、辽东郡接壤,是匈奴部落中唯一没有受到汉帝国打击的地方,势力没有受到任何损失,一直是汉军的劲敌。

霍去病大军从代郡出发,与右北平郡太守路博德部在兴城会师。会师后,霍去病做出了一个出人意料的决定,对所部官兵重新进行了整编,命令骑兵各带3日行粮,至于汉武帝花费了很大力气为大军配置的步兵及其后勤辎重全部留在边境线,不再跟随大军深入沙漠。大军都知道霍去病用兵不拘一格,可是5万大军只带少许辎重补给,万一战争拖延下去,就会陷大军于危险之中,万一断粮断水,断炊断饮,那么整个大军将会不战自溃,可是统帅下令,不敢不从。这支虎狼之师轻兵突进,杀气腾腾地扑进了一望无际的大沙漠,就这么开始了前途未卜的远征。

《孙子·作战篇》曾说:"故兵闻拙速,未睹巧之久也。"霍去病深谙用兵之道,他用兵特点就是一个字:快。他之所以抛弃辎重,也是为了保持部队

第八章 漠北决战 封狼胥居（下）

的快速机动，因为他明白，与匈奴这样的对手交手，战机稍纵即逝，必须以快对快，以快打快，以排山倒海之势、雷霆万钧之力扑向敌人，展开连环攻击，使敌人得不到任何喘息的机会，甚至得不到任何逃脱的时机，才能最大限度地消灭敌人。而霍去病之所以敢这么干，也是有根据的，首先霍部军队中有不少匈奴人在汉军中为将，霍去病对他们一视同仁，信任有加，大胆重用，所以他们都愿意为汉军效力。有的因为战功封侯食爵，其中比较有名的如匈奴降将复陆支、伊即靬等人，多次跟随霍氏出征，是霍氏的得力部下。这次深入大漠，他们身为前驱，熟悉大漠风土人情，了解山川走势，特别是对沙漠中的山泉水草牧场也了如指掌，使整个大军如同长了眼睛，不用担心大军缺少水草粮秣供应。

"虏骑四山合，胡尘千里惊。嘶笳振地响，吹角沸天声。"在大军行进过程中，霍去病大军不断在路上捉到匈奴的游兵散勇，还有数量不少的匈奴、乌桓和鲜卑游牧民众，霍去病命令他们为汉军带路，寻找水源、牧场和草地。霍军因此如同猛虎长了翅膀，很快就穿越了令人望而生畏的大漠，快速行军1000多里，进入了生存条件稍好的漠北，首先来到了克鲁伦河（弓卢水）。

克鲁伦河在《汉书》中称为"弓卢水"。弓卢水发源于蒙古国的肯特山东麓，河道九曲回肠，蜿蜒曲折，清澈的河水映着蓝天的颜色在宽而不深的河床中迂回向东，缓缓流入呼伦湖，宛若一条蓝色的飘带缠绕在平坦辽阔的呼伦贝尔草原上。这里水草丰茂，是得天独厚的天然牧场，是左贤王部落生活的中心区域，居住着匈奴三大望族之一的兰氏部落。兰氏部落盛产美女，东胡强盛时期经常向匈奴索取美女，所索取的美女就是由兰氏部落提供的。不但如此，冒顿单于父子的爱妾都来自兰氏部落，而且在征讨东胡时，兰氏部落曾经出兵跟随冒顿，立下了赫赫战功。所以，匈奴重臣都出自兰氏部落。霍去病兵团渡过弓卢水，击溃了兰氏部落的军队，活捉了章渠，诛杀了比车耆王。然后继续向北攻击，遇上了匈奴左大将，汉军一个冲击，左大将就败下阵来，丢盔卸甲，溃不成军，连军旗战鼓都被汉军缴获。为了不给敌人喘息之机，霍去病纵兵翻

大汉战神：霍去病传

越难侯山，继续向匈奴重地深入突击，大军所过之处，抵抗者死，投降者生，大批匈奴军队倒在了汉军锋镝之下，到处尸横遍野，如同一条血河在流淌，汉军连续活捉了屯头王、韩王等3人，将军、相国、当户、都尉等83人。

这是一场毫无悬念的战役。在霍去病大军的凌厉攻击下，匈奴军队根本不是对手，最后连招架之力也没有，完全失去了抵抗意志。汉军以1万兵力的损失，斩获胡虏70 443人，几乎把左贤王所部诛杀干净。左贤王带领少数亲信到处东躲西藏，才算得到了活下来的机会。

霍去病随即率军继续向西北进击，大军来到了狼居胥山。它的位置众说不一，大致在今蒙古国首都乌兰巴托的东北处，山上森林茂密，一片青翠，山势突兀，为中亚分水岭。霍去病在山上筑坛，以盛大的仪式祭祀了天神。随后大军又来到肯特山西面的姑衍山（即今天博格多兀拉山，匈奴人称为的"圣山"），姑衍山山脉把克鲁伦河流域和图拉河流域分开，山上长满稠密的森林，郁郁葱葱，这片森林被匈奴人认为是神灵的居所，所以称之为"圣山"。霍去病特意选择了匈奴的圣地进行祭祀。全体汉军意气风发，整齐列队，高声演唱了霍去病撰写的歌赋："四夷既护，诸夏康兮。国家安宁，乐未央兮。载戢干戈，弓矢藏兮。麒麟来臻，凤凰翔兮。与天相保，永无疆兮。亲亲百年，各延长兮。"

霍去病"封狼胥居"，代表大汉天子在匈奴圣地祭拜天地，不仅是宣扬赫赫武功，也具有强烈的现实政治之意义，本来只有天子"奉天承运"，具有祷告天地上苍的特权，而霍去病代替天子祷告上苍，向上天宣示了大汉帝国对匈奴帝

霍去病墓旁的石蟾　于博文　摄影

第八章 漠北决战 封狼胥居（下）

国圣地的征服与占领，是一种赤裸裸的宣示主权和炫耀军威的行为。因此，霍去病的做法没有任何僭越之处，而且成为历代名将心向往之的行为，他们渴望能像霍去病那样，扬威异域，青史流芳。

其后，霍去病又率汉军继续向北，沿途没有任何敌踪，他登高远望、惊涛拍岸的贝加尔湖（汉代名北海、翰海）和南方一望无际的沙海，把西汉帝国的国威第一次传到极北荒寒之地，然后大军才高奏凯歌，班师回朝。"一天月色挥长剑，万顷涛声送凯谣。直向湖山高柱勒，伏波未许擅铜标"。至此，惊天动地的汉匈漠北战役，遂告结束。

霍去病这次远征行军3000多里，在整个左贤王领地纵横驰骋，冲杀突击，无人敢撄其锋，给了匈奴左贤王部沉重打击，使一向为患西汉帝国边境的匈奴主力被完全打残废，再也难以成气候。大军班师回朝后，汉武帝大为兴奋，对有功将士的赏赐黄金达50万斤，相当于西汉王朝一年的总收入。对霍去病更是褒奖有加，益封5800户，这一年的霍去病，年仅22岁。霍部将士也得到了丰厚的赏赐，右北平太守路博德隶属于骠骑将军，与骠骑将军在兴城会师，然后跟随骠骑将军到达梼余山，俘虏和斩杀匈奴2700人，被封为符离侯，食邑1600户。北地都尉邢山随骠骑将军捕获匈奴小王，被封为义阳侯，食邑1200户。匈奴人淳王复陆支、楼专王伊即靬皆随骠骑将军攻匈奴有功，各有封赏，封复陆支为壮侯，食邑1300户，封伊即靬为众利侯，食邑1800户。从骠侯赵破奴、昌武侯赵安稽都跟随骠骑将军打匈奴有功，各增封食邑300户。校尉徐自为被授予大庶长的爵位。值得一提的是李广的儿子校尉李敢跟随霍去病出征，作战勇敢，在阵中夺取了敌军的军旗战鼓，被封为关内侯，赐食邑200户，也算是弥补了李氏家族一点缺憾。霍去病属下的小吏士卒当官和受赏的人也不在少数。

第三节　大漠以南无王庭

漠北大战是汉匈两大帝国展开的一次生死大决战。对于西汉帝国而言，这是一次彪炳史册的旷古远征，可以说是一场把智慧与勇气发挥到极致的战斗。这次战役，汉军兵分两路，长途远袭，其作战距离之遥远，在农业文明时代可以说是空前绝后的，前无古人后无来者，是难以想象的气壮山河的行动，以致西汉后期的名将陈汤在西域诛杀了横行多年的匈奴郅支单于时，说出了"宜悬头槁（槀）街蛮夷邸间，以示万里。明犯强汉者，虽远必诛"的话语，这种底气就来自于漠北大战形成的后续效应。唐朝诗人李白为这次大会战赋诗《胡无人》一首：

> 严风吹霜海草凋，筋干精坚胡马骄。
> 汉家战士三十万，将军兼领霍票（嫖）姚。
> 流星白羽腰间插，剑光秋莲光出匣。
> 天兵照雪下玉关，虏箭如沙射金甲。
> 云龙风虎尽交回，太白入月敌可摧。
> 敌可摧，旄头灭，履胡之肠涉胡血。
> 悬胡青天上，埋胡紫塞傍。

第八章 漠北决战 封狼胥居（下）

> 胡无人，汉道昌。

这次大战是克服了重重困难，穿越了时人望之畏途的茫茫沙漠戈壁而取得的。这种胆略和气魄出乎于时人之所料，是使敌人为之丧胆失魄的行动。以伊稚斜为首的匈奴统治集团之所以敢猖獗一时，有恃无恐，就是以大漠为战略屏障，认为汉军再厉害，也不敢穿越死亡之海，即便真的穿越了，也是引颈待戮，自寻死路。可是，漠北之战打破了匈奴地理屏障的神话。在强大的西汉帝国面前，没有翻不过去的山，没有走不过去的路，没有任何屏障可以阻挡住汉军前进的步伐。从此，大漠为屏障的神话破灭了，漠北也不安全了。匈奴即便躲在漠北极边之地，也是惶惶不可终日，生怕汉军再次前来。后来汉军在李广利的统率下，先后两次穿越大漠，就是证明。

此外，这次大战彻底扭转了战争局势，改变了战争态势，西汉帝国在对匈战争中取得了完胜。西汉帝国与匈奴的作战是长期的、惨烈的。经过漠北大战，匈奴主力几乎被汉军歼灭，危害汉帝国100多年的边患基本上得到解决，西汉帝国取得了对匈作战的胜利。在漠北决战中，由于大批有生力量被汉军歼灭，大批物资被烧毁，匈奴本部一度处于饥寒交迫的境地，匈奴单于害怕汉军继续发动攻击，不敢再在大漠北缘立足，而向西北方向远遁，因而出现了"漠南无王庭"的局面。如果说匈奴单于在漠南之战后将王庭迁移到漠北是一种战略转移的话，那么，漠北之战后的"漠南无王庭"的局面则标志着匈奴势力范围大面积收缩。汉朝边关得到了前所未有的安全。

漠北之战后，匈奴控制的地盘开始残破和压缩，以前的传统控制区的秩序被打乱，这实际上是匈奴后来向西大迁徙的开端，开启了多米诺骨牌倒塌的第一张骨牌。经过霍去病兵团的打击，原先居住在匈奴左地的兰氏部族不敢再继续居住，西迁到鄂尔浑河上游的和硕柴达木湖一带的龙庭定居，过起了颠沛流离、寄人篱下的苦日子。后来，整个匈奴部落在漠北难以安息，内部相互残

大汉战神：霍去病传

杀，一部分匈奴人向西方开始了民族大迁徙，一路横扫亚欧大平原，成为西方人眼中可怕的"上帝之鞭"。原来被匈奴统治的乌桓、鲜卑各族先后摆脱了匈奴的控制，投降了汉朝。汉武帝依照安顿河西走廊匈奴之旧例，将乌桓举族由西喇木伦河以北迁徙到了东北五郡（上谷、渔阳、右北平、辽西、辽东）的塞外，并设立"护乌桓校尉"，持节管理、监督乌桓，以断绝其与匈奴之联系。

当然，汉军也付出了倾国之力，伤亡数万人，损失战马10余万匹，赏赐50万金，转运车甲之费不与焉。"是时财匮，战士颇不得禄矣"。运输和制造兵车衣甲的费用更是不计其数。经此一役，汉朝财政到了山穷水尽、罗掘俱穷的境地，可谓疲惫到了极点，再也不可能支撑起如此规模之骑兵大战了，也无力继续组织对匈奴的军事攻击，彼此之间休战了5年，匈奴也因此有了一线生机。

漠北之战，是西汉与匈奴战争中规模最大也最艰巨的一次作战，是在草原地区进行的一次成功作战，在中国古代战争史上占有重要地位。在这次旷古绝今的漠北大决战中，汉军的作战方式有以下几个特点。

第一，漠北之战，汉军作战指导思想明确，准备充分。以骑兵实施突击，步兵担任保障，分路进击，果敢深入，是在沙漠草原地区进行的一次成功作战，在中国战争史上具有重要地位。

首先，战前准备非常充分，为了准备这次决战，汉武帝用了2年的时间进行筹划和布置，进行战前的准备，除了集中全国最精锐的骑兵和最优秀的战将投入战斗外，还调集大批马匹与步兵运送粮草辎重，以解决远距离作战的补给问题，一切有关作战事宜都进行了精心准备。

其次，指导思想明确，作战计划周密。这次大战目的就是穿越大漠，深入匈奴腹地，消灭匈奴主力，根除威胁西汉帝国的战略后患。汉武帝在取得漠南、河西两大战役胜利的基础上，根据汉军经过实战的锻炼积累的运用骑兵集团进行长途奔袭与迂回包抄的作战经验，利用匈奴王北迁之后误以为汉军不敢深入漠北的麻痹心理，决定出其不意，攻其不备，大胆地制订了远途奔袭、深

第八章 漠北决战 封狼胥居（下）

入漠北、犁廷扫穴、寻歼匈奴主力的战略方针。作战目标指向有两个，分工明确，一个是匈奴本部，这是汉军所要收拾的主要作战目标，而且由汉军的精锐力量霍去病执行，由于情报失误，结果阴差阳错，由卫青所部予以解决。另一个目标就是很少受到汉军打击的左贤王部，这是匈奴部落唯一保持完整的集团，消灭了左贤王集团，就等于切断了匈奴的左臂，使匈奴本部处于独木难支的态势，难以有所作为。

最后，兵力部署合理，配合密切。在漠北大战中，以骑兵为战场决战的核心力量，以骑兵对骑兵，进行草原上的大角逐。西汉帝国充分利用大骑兵集团快速、机动与冲击力强的特点，以优势兵力，分路出击，不仅敢于深入敌境，而且善于迂回包抄。从双方战争力量来看，汉军出动的骑兵与匈奴两部兵力基本相当，不存在兵力优势的问题，虽然汉军出动了步卒50万，可是这些步卒基本上是为骑兵服务的，作为后勤保障部队，没有投入战斗。因此，在兵力相当的情况下，兵力部署就显得相当重要。汉军把主力部队分成两个集团，分别开辟了两个战场，使敌人顾此失彼，难以进行战术支援和战略协同，达到了分而歼之的目的。

第二，汉军将领指挥果断，作风顽强，表现了很高的军事素养和军事指挥才能。负责指挥汉军两大战略兵团的是卫青和霍去病，两人战术风格完全不同。卫青用兵谨慎，深谋远虑，善于用兵。特别是刚刚长途跋涉而来的大军与以逸待劳的匈奴本部主力相遇之时，卫青首先用武刚车作为防御工事，稳住阵脚，呈反客为主的态势。晁错在《言兵事疏》中说"平原广野，宜于战车、骑兵作战，步兵十不当一"，这种说法有道理，可是在沙漠中角逐，战场环境变了，对手变了，战车就是累赘，可是卫青化腐朽为神奇。可见，卫青不仅精于骑战，也精于车战。明代茅坤曾经赞扬说："卫青武刚车之战，气震北虏。"后人有诗赞曰："英英长平侯，六骡走单于。至今青史上，犹壮武刚车。"在两强角逐，胜负难分之时，一阵风沙席卷而来，反而成了扭转战局的要素，

大汉战神：霍去病传

卫青果断指挥大军两面包抄，使匈奴军队首尾不能相顾，为打败敌人提供了转机。

第三，霍去病在这次大战中采用取食于敌、就地补给的策略。霍去病用兵一向果敢凶猛，一往无前。在这次漠北大战中，霍去病依然延续了以往彪悍无比的风格，指挥大军纵横驰骋，如入无人之境，可谓所向披靡。大军远征，要保障粮草供应，否则一旦供应断绝，5万大军就会不战而溃。可是带着庞大的辎重前进，势必拖累了军队行进的速度。因此，霍去病在这次作战中，为了发挥骑兵长于奔袭的优势，能够轻骑越大漠追杀敌人几千里，不要辎重，不要后勤，采用取食于敌、就地补给的策略，大军补给完全从敌占区获得，对后勤的要求很少，用以战养战的方式全歼残敌，多以捕获匈奴军队之马、牛、羊及粮食为补给，可谓是置之死地而后生的战法。汉武帝为

霍去病墓旁的石鱼　　于博文　摄影

之赞叹说："骠骑将军去病率师……取食于敌，卓行殊远而粮不绝。""内不烦一夫之役，不开府库之臧，因敌之粮以赡军用，立功万里之外，威镇百蛮，名显四海"。从敌人那里得到了大量的粮草马匹等军需，这不仅解决了因大军千里奔袭造成补给线过长、后方补给困难的艰难处境，同时也加速了战争的进程。

因粮于敌是受到兵家推崇的战法，"善用兵者，役不再籍，粮不三载；取用于国，因粮于敌，故军食可足也。……故智将务食于敌"。在战争中善于利用敌国资财，以战养战，一方面保障军队需要，又减轻国家负担，另一方面还可以对敌人的经济造成破坏，从而间接削弱和破坏了敌方的战争支撑力量，加

第八章 漠北决战 封狼胥居（下）

速敌军崩溃。可见，大军深入敌阵或敌国作战，如果能因粮于敌，就地筹措粮秣，既能就地解决粮食等作战物资，保障军队的急需，免遭后续不继、全军覆没之险；又能缓解征师远途运输之难，减轻己方负担。加之将士只有奋力杀敌，方能夺其补给，如此置之死地而后生，可鼓舞斗志，激励士气。这种补给方式具有较高的保障效益。但这种补给方式的实现以能够歼敌为前提，具有很大的风险。因为并非每次出征都能觅得上佳的战机，如拖延日久，求战不成，弹尽粮绝，后方应援不及，则全军危殆的结局势所难免。后期李广利出征大宛，大军攻城攻不下，补给又断绝，结果汉军"饥疲不能举刀剑"，遭到了惨败的命运。因此，只有霍去病这样的战将才能采取这种打法。

茂陵博物馆展出的汉代铜灶　刘宏　摄影

第四，漠北大战中汉军英勇善战，吃苦耐劳的战斗精神得以彰显，成为胜利的重要的原因。深入大漠以北作战，属于旷古未有之举。沙海千里，水草奇缺，是大自然造就的屏障，即便匈奴的军队也视入漠为畏途，匈奴单于由此而高枕无忧。汉军若没有

茂陵博物馆展出的汉代铜臼　刘宏　摄影

英勇善战、忍饥耐渴、视死如归的坚韧意志，是绝难取胜的。

从卫青、霍去病北伐来看，茫茫大漠确实不是阻敌于千里之外的天然屏

障，从此匈奴即便躲在漠北，也夜难安枕，而是时常处于惊恐之中。不过，在当时的历史条件下，从地缘特点来看，劳师远征漠北的确是不能"一而再，再而三"之举。后来李广利所领导的第二次、第三次对匈奴漠北之战，再也没有大获全胜，最佳战绩也就是和匈奴打个平手。可见，漠北之战在中国战争史上的地位是难以取代的。

第九章

外掌兵马　内握枢机

漠北大战之后，22岁的骠骑将军霍去病加官大司马，走向了人生的巅峰。而仅仅两年之后，威风八面的霍去病溘然长逝，如同一条神龙，在天空降下风，播下雨，进行了酣畅淋漓的演出，然后飞驰而去，一闪而逝，直入云霄，只留下尘世里一段战神传说供后人评说。这个传说既壮烈，又凄美；既令人回肠荡气，又使人感伤莫名。可谓五味杂陈，恻之悼之，难以形诸笔端。

第一节　内入枢机掌机密

漠北战役之后，匈奴势力遭到毁灭性的打击，汉武帝兴奋异常，就在战争结束后的元狩四年，汉武帝设置了大司马的职位，大将军卫青、骠骑将军霍去病都加官为大司马，同时下令骠骑将军秩禄（即俸禄）与大将军相同。卫青和霍去病因为有了大司马这一官职，得以名正言顺地处理朝廷日常的行政事务。

司马是周朝时期设置的官职，执掌军事。汉武帝在司马前加"大"字，以与"司马"相区分。那么，怎么理解卫青和霍去病这次职位升迁呢？这话说来就长了。刘邦建立汉朝以来，承袭秦朝旧制，在中央设置三公九卿，辅佐皇帝，处理军国大事。其中丞相拥有相当大的权力。汉初的丞相由功臣宿将出任，汉高祖刘邦和汉惠帝刘盈分别以功臣萧何、曹参为丞相，"萧规曹随"，丞相威望盛极一时。汉文帝时期由前朝元老重臣出任丞相的局面仍未改变，刘邦时代的功臣周勃、陈平、灌婴、申屠嘉等人相继被任命为相。汉景帝时，其母窦太后希望封王皇后的哥哥王信为侯，汉景帝就与丞相周亚夫商议，周亚夫以高祖刘邦"非有功，不得侯"的预先约定予以拒绝，汉景帝默然而有沮丧色，可见当时相权之重。

汉武帝初年，田蚡出任丞相职务，锋芒毕露，继续行使丞相任免、考察、

第九章　外掌兵马　内握枢机

升降全国官吏的职权,在荐举升迁的官员中,甚至有从平民直接提拔为二千石的高官。汉武帝内心非常不悦,说道:"你荐举的官吏说完了吗?朕也有要荐举的官吏。"有一次,田蚡请求占用少府考工室的地方用以扩建自己的宅第,汉武帝更加恼怒,抢白道:"你为什么不索性占用武库之地呢!"

作为一代雄主,汉武帝相当勤政,事必躬亲,他自然不能容忍相权对君权的侵夺。因此,他亲政后,开始有意识地改变丞相位高权重的局面。首先,他频繁更换丞相,在位54年,先后用相13人,使丞相不能久安于位。其次,他喜欢任命出身微贱的官员为相,改变了由功臣勋戚出任丞相的传统。到汉武帝时代,汉初的功臣列侯已历四代,势力基本上消亡殆尽,布衣出身的人在朝臣中占有更大比重,汉武帝从寒门出身的人中选丞相,特别是从公孙弘以布衣为丞相后,开创了"布衣丞相"的局面,布衣丞相背后没有潜在势力撑腰,使其不得不听任君主的摆布,皇帝可以招之即来挥之即去。汉武帝不任命具有行政能力的大臣为丞相,而是选择李蔡、公孙贺之类理政才能平庸的武夫以及庄青翟、石庆等不擅权的质朴长者出任,其真实用意就是让丞相徒有虚名,任相位不能服众,难免有尸位素餐之讥,不能赢得皇帝和其他朝臣的尊重,丞相权威由此而大降。丞相居位而不亲政事,正符合皇帝的需要和愿望。这样才便于汉武帝把决策权控制在自己手中。

汉武帝还使用诛杀丞相的特殊手段,贬抑丞相在朝臣心目中的地位。自公孙弘之后,丞相已经没有多少事权可言,调和阴阳,坐而论道而已。然而,国家政事有失,汉武帝却依然追究丞相的责任。所以,汉武帝时期丞相的下场都不怎么好,李蔡、庄青翟、赵周、公孙贺等人都不得善终,有的自杀,有的被下狱处决,以致朝臣把丞相之位视为待罪之职,避之唯恐不及。所以,汉武帝后期的几位丞相都是诚惶诚恐,不求有所建树,但求保全性命而已。当年公孙贺"引拜为丞相,不受印绶,顿首涕泣,曰:'臣本边鄙,以鞍马骑射为官,材诚不任宰相。'上与左右见贺悲哀,感动下泣,曰:'扶起丞相。'贺不肯起，上乃起去，贺不得已拜。出，左右问其故，贺曰：'主上贤明，臣不足以称，恐负重责，从是殆矣。'"①公孙贺任职期间，极度谨慎，一切唯皇帝之命是从，最后却因为儿子犯案而遭灭族之祸。

更重要的是，汉武帝从制度上侵夺相权和九卿之权，于是有了"中朝"和"外朝"的划分。所谓"外朝"是指以丞相为首的处理国家行政的中枢机构，在"内朝"出现之前，是辅佐皇帝治理国家的唯一官僚系统。"内朝"则是汉武帝新创设的机构，当时军兴傍午，国事繁重，汉武帝用加官的名义，让一些富有才气和政治进取心的人进入决策机构，使他们与闻政事，当参谋、顾问，给皇帝处理日常政务，提出各种解决方案，供皇帝参考，成为汉武帝改革的智囊团，从而有决策快速、保守秘密的好处，满足了当时的军事需要。

当时的加官有哪些呢？有侍中、常侍、散骑、诸吏等名称。汉武帝把三公之一的太尉改为大司马，冠以大将军之号，兼握政务及军事大权，逐渐形成了由大司马领衔，侍中、常侍、散骑、给事中、尚书等服侍皇帝的亲近侍从组成的"内朝官"，由丞相为首的朝廷正式政务机构官僚则成为"外朝官"。由皇帝的亲近侍从构成的"内朝"成为实际上的决策机关，而"外朝"则变成了执行一般政务的机关。内外朝的形成，标志着封建君主专制统治的进一步加强。除了天子的心腹、亲信和宾客及外朝大臣中为皇帝所信任者，也可以加"侍中"等名号在内朝与闻政事，成为内朝官，而不加这些名号的外朝官则形同备员，难以进入核心权力阶层。

卫青和霍去病并为将军，加大司马，位高权重，朝中无人能比。同时卫子夫身为皇后，母仪天下，卫子夫的儿子刘据又被立为太子，卫氏一家可谓满门富贵，权势显赫。公元前115年发生的一件事，更是锦上添花。这件事就是卫青迎娶了汉武帝的姐姐平阳公主。

---

① 《汉书·公孙贺传》。

第九章　外掌兵马　内握枢机

卫青年轻时曾经在平阳公主府为家奴，平阳公主先是嫁给了开国功臣曹参曾孙平阳侯曹寿，但曹寿没过几年便一命呜呼了，平阳公主又嫁给了开国功臣夏侯婴的曾孙汝阴侯夏侯颇。公元前115年，夏侯颇因为和他父亲夏侯赐的姬妾通奸，属于乱伦行为，畏罪自杀，封国也被撤销。平阳公主再次寡居，但她有在列侯中选择丈夫的想法。这时有人向公主建议说大将军卫青功高盖世，爵高位显，与公主很般配。平阳公主有点放不下架子，她笑着说："大将军是我从前的仆人，又当过我的随从，为我牵马拽蹬，怎么能做我的丈夫呢？"公主左右的人说道："大将军已今非昔比，他如今是大将军，他姐姐是当朝皇后，而他三个儿子也都封为侯爵，富贵震天下，天底下还有谁比他更配得上您的呢？"平阳公主点头颔之，同时把要嫁给卫青的想法告诉了皇后卫子夫，卫子夫又转告了汉武帝，汉武帝不由失笑道："当初我娶了他的姐姐，如今他又娶我的姐姐，世事转换，机缘巧合，这倒是很有意思的事。"于是当即允婚。当年的仆人就这样成为主人的丈夫。

卫青、霍去病身为贵戚，又为朝廷立下了赫赫战功，出将入相，位极人臣，尊崇无比。汉武帝为了强化卫青的权威，经常宣示"大将军位在三公之上"，甚至经常与卫青同乘一车。但是，在汉武帝时期，卫、霍两人始终没能成为国家决策核心层的一员。霍去病早亡，卫青以大司马、大将军的身份也远离朝政。大司马成为朝臣的实际首领是在汉武帝以后，霍光以大司马、大将军领尚书事辅佐汉昭帝。

汉武帝对权力的掌控非常严密。同时卫青个性沉稳，谦让仁和，不热衷权势，不汲汲于富贵。当时高官大员家中都招揽贤者，类似于清朝的高级师爷，帮助主人出谋划策，并且成为一种社会风气。卫青被封为大将军后，老部下苏建也劝他养士。卫青回答说："自魏其、武安之厚宾客，天子常切齿。彼亲附士大夫、招贤绌不肖者，人主之柄也，人臣奉法遵职而已，何与招士！"霍去病也赞同其舅父的主张，可见卫青虽然出身奴仆，可是在政治上非常清醒，深

大汉战神：霍去病传

藏令名，主动趋避，从不利用自己的地位招摇显摆。

同时，卫青敬重贤才，礼贤下士，内刚外柔，从不仗势欺人。汉武帝希望群臣见大将军行跪拜之礼，大臣汲黯却依然行揖礼，卫青反而更加敬重他。也许看淡了世间烟云，卫青为人宠辱不惊，深沉淡定，温顺退让。漠北大战后，霍去病得到汉武帝宠幸，让骠骑将军的官阶和俸禄同大将军相等。从此以后，大将军卫青的权势与威望日日减退，而骠骑将军则一天比一天显贵。大将军的老友和门客多半离开了他，而去侍奉骠骑将军，这些人常常因此而得到官爵，可是卫青依然宁静淡泊，不以为意。

正因为卫青既文韬武略，智勇兼备，又能礼贤下士、严于律己，以人品赢得了人们的敬重，所以他在世的时候，无人敢构陷卫家和太子。

至于霍去病，年纪轻轻就身居高位，在政治上不成熟，而且由于去世过早，政治才能没有得到充分展示和体现。在出任大司马、骠骑将军期间，他曾经上过一个奏折《请立三王折》。事情的起因是这样的，太子继承帝位，其他皇子分封为王是法定的常规。但汉武帝却坚持要封子刘闳、刘旦、刘胥为列侯。于是，霍去病上了一折，司马迁认为"封立三王，天子恭让，群臣守义，文辞灿然，甚可观也"。作为一个政治事件，得到了司马迁的肯定。既然"文辞灿然"，那么照录如下，让我们领略一下霍去病的文采：

大司马臣去病昧死再拜上疏皇帝陛下：

陛下过听，使臣去病待罪行间（闲）。宜专边塞之思虑，暴骸中野无以报，乃敢惟他议以干用事者，诚见陛下忧劳天下，哀怜百姓以自忘，亏膳贬乐，损郎员。皇子赖天，能胜衣趋拜，至今无号位师傅官。陛下恭让不恤，群臣私望，不敢越职而言。臣窃不胜犬马心，昧死愿陛下诏有司，因盛夏吉时定皇子位。唯陛下幸察。臣去病昧死再拜以闻皇帝陛下。

第九章 外掌兵马 内握枢机

霍去病是一个不世出的英雄，这是毫无疑问的，但是他为报私仇杀死李敢，却是人生中的一个污点。事情的经过是这样的：李广自刎后，其子李敢因为战功封关内侯，食邑200户，并代替李广出任郎中令。李敢把李广死因归结于卫青，由愤生恨，念念不忘，以至于他在公元前118年的一天与卫青相遇时，把卫青打了一顿，算是出了一口恶气。卫青作为宽厚长者，并没有继续追究这件事，而是把这件事压下了。谁知道，霍去病知道了这件事，年轻气盛的霍去病准备为卫青报仇。有一天，李敢去上雍，在甘泉宫狩猎，结果被早有准备的霍去病射杀。李敢虽然冒犯了大将军，但是罪不至死，霍去病将其射杀，实属不该。由于汉武帝包庇，霍去病射杀朝廷官员的事情没有被追究。但对于李氏家族而言，却是心头之痛。李广有子三人，长子李当户早死，有遗腹子李陵。次子李椒为代郡太守，也先于李广而死。李广只剩下这么一个儿子，可惜也被杀。幸好李当户有个遗腹子，就是后来大名鼎鼎的李陵。李敢留下一子名叫李禹，在征和二年的巫蛊之祸中蒙冤而死。李陵颇具乃祖遗风，勇敢善战，却因战败投降了匈奴，导致李氏家族被灭族。从此，为汉朝屡立战功的陇西李氏不复存在。

第二节 天不假年将星坠

公元前117年的秋天似乎去得特别慢，本该是秋高气爽登高望远的九月，秋老虎依然发威，暑气未消。黄昏时节，汉武帝处理完政务，正在沉思间，忽然平地一声惊雷炸响，汉武帝不由打了个寒战。接着，太监来报，未央宫的一处檐廊坍塌。这个"惊雷"来得蹊跷，怕不是好兆头，汉武帝暗暗思忖道。

果然，又一个太监匆匆来报，大司马骠骑大将军霍去病于今天下午离别人世了！这个消息比刚才的一声惊雷更为恐怖，把汉武帝震得坐了起来，他连忙命令太监准备龙撵，急速出宫，奔往霍府，他怎么也不会相信这个消息，他要亲自前往查看。

到了霍府，只见霍府中人人穿孝，一片戚容，年方4岁的孝男霍嬗一身缟素，和霍府全家老小在大门前跪迎。汉武帝连忙走上前去，一把将霍嬗揽在怀中，大放悲声，霍府上下，哭声一片。

汉武帝快步来到灵堂，只见他的心腹爱将双目紧闭，坚毅俊朗的面容平静而又安详，似乎正在沉睡之中。霍去病英年早逝，如同流星闪耀，光芒四射，划过天际，却又消失在茫茫夜空之中，再也难寻踪迹，帝国双璧失其一。抚今追昔，汉武帝内心的悲痛简直无以言表，正可谓英雄有泪不轻弹，只是未到伤心处，汉武帝禁不住泪如雨下，抚尸大恸。往日的情景一幕幕浮现在刘彻的脑

第九章 外掌兵马 内握枢机

海里。

刘彻思绪万千，神驰万里，与他的爱将进行了深刻的心灵对话。然后就是做给活人看的身后事了。

第一，给霍去病定谥号。为了定一个贴切恰当能够概括其一生功业的谥号，朝野上下可谓绞尽了脑汁，一帮学富五车的博士翻古书，找文献，最后定了两个字："景桓"，"布义行刚曰景，辟土服远曰桓"。勇武与扩地，非常全面准确概括了霍去病一生的功业，因此得到汉武帝的批准。

第二，为霍去病举办葬礼。汉武帝为了表达内心对霍去病的感情，把他的葬礼搞得隆重、庄严、肃穆、浩大。首先，为他修建了坟墓，地址就选在了茂陵，那是汉武帝为自己准备的陵寝之地，汉武帝要让这位爱将永远陪伴着自己。同时，为了纪念霍去病的功业，表彰他横刀立马、收复河西走廊的历史功勋，汉武帝命令将霍去病的坟墓修建得像祁连山的形状那样，使后人永远记得他的不朽功业。汉武帝还以王的礼节安葬了霍去病，从长安到茂陵40公里的路上旌旗蔽日，文臣武将身着丧服，恭候迎送。属国之军穿戴着黑衣铁甲，列队送葬，送葬队伍从长安一直排到今陕西兴平的茂陵墓地，在威严肃穆的气氛中安葬了这位叱咤风云的战将。"汉骠骑将军大司马冠军侯霍公去病墓"的巨大墓碑，现今仍然矗立于茂陵的墓地上。

茂陵从葬坑陶俑出土现场
刘宏　摄影

霍去病英年早逝，在他短暂的一生中只留下了一个儿子叫霍嬗，嬗为传承之意。汉武帝让霍嬗承袭了冠军侯的爵位，并授之为奉车都尉（掌天子车马，

大汉战神：霍去病传

秩比二千石），希望他长大后可以像霍去病一样成为千古名将。为此汉武帝刻意保护，极为周全，所以在后来坐酎金的政治浪潮中，很多人都失去了爵位，甚至连卫青三个儿子的爵位都被夺取，只有霍嬗屹立不倒。在霍去病去世6年之后，霍嬗也在随汉武帝封禅泰山的途中夭折，随其父而去了。英雄的血脉到此断绝，刘彻伤心欲绝，乃赐其谥号为哀侯，霍家没有血脉可以继承封邑，封地被废除。而后汉武帝又改任与霍去病同父异母的霍光为奉车都尉。

一时雄剑无精彩，遥指燕山落将星。一个功高盖世的英雄在花样的年华猝然凋落，撒手人寰，就像一颗流星在世人面前一闪而过，尽管灿烂，尽管辉煌，可是无疑令人伤怀，令人惆怅。可是，关于他的死因，无论是司马公的《史记》，还是班固的《汉书》，竟然都没有留下明确的答案和线索，这无疑给后人留下了无限的悬念，留下了种种揣测。有人说在漠北之战中，匈奴事先破坏了水源，在水中洒下了病毒，结果霍去病饮用了带有瘟疫病毒的水，结果染上了瘟疫，以致身亡。这个说法很不可信，首先霍去病出兵的时间是5月，5月在蒙古大草原上依然是乍暖还寒的时节，细菌不易繁殖，即便是匈奴把死掉的牲畜放到水源里，腐烂变质也需要很长的一段时间，再说霍去病去世是在漠北大战2年之后，病毒不会潜伏这么长的时间。有的人说因为他射死李敢，汉武帝怕李敢部属寻仇，特意让他去朔方城避避风头，结果他在前往朔方的途中感染了瘟疫而死。这个说法同样经不起推敲，霍去病射杀李敢确实不妥，但是汉武帝的一句"鹿触杀之"为李敢之死定了结论，在皇帝庇护下，霍去病无须东躲西藏，这个说法强调他因瘟疫而死而制造了去朔方城的借口，同样是不可靠的。也有人说他在漠北决战中遭受冷箭而受重伤，大军为隐瞒此事，将霍去病偷偷送回长安，经医治无效死亡。这个说法更是荒诞不经，不值得辩驳。笔者认为，连年征战损害了他的健康，特别他作战的地域环境极其恶劣，军情紧急，身体难以调理，积劳成疾，最终宣告不治，倒是可能的。霍去病之死是历史留给后人的一个谜，这个谜迷雾重重，云遮雾罩。

第九章　外掌兵马　内握枢机

总之，霍去病在极为短暂的一生中，如同一条神龙，在天空降下风，播下雨，进行了酣畅淋漓的演出，然后飞驰而去，一闪而逝，直入云霄，极目无边，只留下尘世里一段战神传说供后人评说。这个传说既壮烈，又凄美；既绚烂，又惆怅；既令人鼓舞，又使人感伤。可谓五味杂陈，恻之悼之，难以形诸笔端。

第三节 伐匈大业难为继

双旌汉飞将，万里授横戈。春色临关（边）尽，黄云出塞多。鼓鼙悲绝漠，烽戍隔长河。莫断阴山路，天骄已请和。经过空前绝后的漠北大战，匈奴受到沉重打击，曾经纵横大漠的铁甲精锐被消灭殆尽，人口、牲畜大量被俘虏或者死亡。匈奴势力全面收缩，单于龙庭西移到哈拉和林的龙城。左贤王的领地也发生变动，伊稚斜单于以前，左贤王的领地东接东北，南邻山西西北和河北北部。漠北大战之后，左贤王的王庭所在地西移到今蒙古国首都乌兰巴托一带，所在的具体位置为图拉河上游盆地，这里虽说是夏季放牧的好地方，可是毕竟寄人篱下，如同孤魂野鬼，苟延残喘。匈奴王敞屠洛、雕延年、都尉董荼吾等见匈奴国势已经衰败，纷纷投降汉朝，都被汉武帝封为列侯。

此时匈奴本部最为虚弱，最担心的是汉军再次进击漠北。伊稚斜单于再次听从了赵信的建议，向汉朝派出使节，好辞甘言请求和亲，企图打起和亲的主意，恢复已经中断了十几年的和亲政策，重修旧好，即便不能议和，也可以作缓兵之计，赢得喘息时间。这是从元光二年汉匈大规模战争爆发后匈奴首次提出和亲建议。汉武帝非常重视，命令臣下予以讨论，大臣们意见不一，有的同意和亲，有的则要求趁机使匈奴臣服。丞相长史任敞提议说："匈奴刚刚遭受失败，处境困难，可以让他们做外臣，每年春秋两季到边境上来朝拜皇上。"

第九章　外掌兵马　内握枢机

这是让匈奴完全臣服于大汉，成为汉朝的外臣，地位等同于当时的南越、夜郎等地方政权。汉武帝同意了任敞的建议，并且派任敞前往匈奴，传达西汉帝国的意旨。对于西汉如此强硬的答复，伊稚斜单于怒气填胸，把任敞扣留在匈奴，汉匈和亲之议就此破裂。汉武帝在了解情况后，准备勒兵再战，给匈奴一个教训。正在此时，霍去病病故，一时间难以再找到可以担当大任的良将。同时汉军经过漠北大战后，数万汉军精锐战死，战马损失惊人，出塞14万匹，归来不足3万匹，无力编组大规模骑兵部队，再加上汉武帝正用兵南方，讨伐匈奴之事就此搁置下来。所以，自元狩五年到元鼎六年这几年间，汉匈间处于休战状态，再也没有大的动作。

萧条清万里，瀚海寂无波。后来，一代枭雄伊稚斜单于在惊恐中去世，其子乌维即位，继续在漠北休养生息，整顿士马，恢复国力，没有南下的意图，北部边境处于平静的状态。元鼎五年西汉已经征服了南越，汉武帝派遣太仆公孙贺率领1.5万名骑兵出九原以北2000多里，至浮苴井而还，这些地方原本是匈奴故土，但见不到一个匈奴人。汉武帝又派遣赵破奴带领万余名骑兵出令居以北数千里，到达了匈奴水（翁金河），已经深入匈奴故地，但也看不见任何匈奴人的踪迹。

元封元年（公元前110年），汉武帝怀着征服东越和南越的喜悦之情，在18万大军的护卫下，浩浩荡荡，亲自巡视北方边境。"朝入云中郡，北望单于台。胡秦何密迩，沙朔气雄哉。"汉武帝北登单于台（今内蒙古呼和浩特西），西至朔方郡，并命令使者郭吉前往漠北，当面告诉乌维单于说，现在南越王的头已悬挂在汉北阙，今日单于如果敢于与大汉交战，就该出兵迎战，大汉天子已经统率雄兵在边境等候；如果不敢交战，就应该早日俯首称臣，何必狼狈逃窜于漠北苦寒之地受罪呢？这种炫耀武力公开叫板的行为恰似当年匈奴先主马踏长城指点江山的翻版。汉武帝宣示武功的行为使后人为之心情激越，慷慨而歌，"西驰丁零塞，北上单于台。登山见千里，怀古心悠哉"。宋朝词人唐圭

大汉战神：霍去病传

璋为此特地做《念奴娇（汉武巡朔方）》一首，大大赞扬了汉武帝一通：

> 茂陵仙客，算真是，天与雄才宏略。猎取天骄驰卫霍，如使鹰鹯驱雀。鏖战皋兰，犁庭龙碛，饮至行勋爵。中华疆盛，坐令夷狄衰弱。
>
> 追想当日巡行，勒兵十万骑，横临边朔。亲总貔貅谈笑看，黠虏心惊胆落。寄语单于，两君相见，何苦逃沙漠。英风如在，卓然千古高著。

这是汉帝国耀兵塞上，单挑匈奴的高峰。

元封六年（前105年），卫青病逝，谥号是烈侯，随葬在汉武帝的茂陵之侧，其墓形很像匈奴境内的庐山，象征着他生前的赫赫战功。

煌煌生前名，寂寞身后事。卫氏家族从卫子夫被选入宫，卫氏一家的命运发生逆转，此后卫青、霍去病以外戚身份统兵作战，先后为西汉王朝东征西讨，立下了汗马功劳，可谓功昭日月、彪炳千秋。卫氏一家贵崇无比，包括霍去病在内，一门五侯，卫子夫则被册封为皇后，刘据则被封为太子，卫青又与平阳公主结为连理，平阳公主还让自己和前夫生的儿子平阳侯曹襄娶了卫子夫和刘彻生的女儿卫长公主，与汉武帝亲上加亲，各种奥援集于一身，富贵荣华汇于一家，卫青上下朝，公卿大臣远远看见就要下车让路，立在道旁相迎相送。真是罕有其匹，卫家的富贵荣华算是达到了顶点。

自从公元前117年霍去病英年早逝，卫家开始倒运。公元前116年汉武帝以卫青的儿子宜春侯卫伉犯法为名，削去卫伉的爵位。按照汉朝礼仪规定，西汉皇室每年都要举行宗庙祭祀，此时诸侯王与列侯都要献出助祭的黄金，称"酎金"。诸侯贡献酎金时，皇帝常常亲临受金。如果酎金成色不佳，或者斤两不足，都算献金者犯法，要受罚，轻者削县，重者夺侯。在公元前112年宗庙祭祀活动中，有106个列侯"坐酎金"而被削去爵位，占侯爵总数的一半，是汉武帝夺侯最多的一次，史称"酎金夺爵"。卫伉的两个弟弟阴安侯卫不疑和发

第九章 外掌兵马 内握枢机

干侯卫登，就在这一年失掉了侯爵。虽说因为这个原因失掉爵位的不在少数，可是如此对待功臣之后也显得汉武帝太绝情，当时卫青依然在世，不知他作何感想。公元前110年，霍去病的儿子霍嬗在随同汉武帝去泰山封禅的路上染病去世，冠军侯的封国被废除。至此，卫家"一门五侯"只剩下卫青孤零零的一个长平侯了。从封侯到失去侯爵，为时仅仅24载。而此时西汉虽然与匈奴处于和平时期，但因双方互相扣押对方的外交使节而关系紧张，公元前110年西汉灭闽越，公元前108年汉武帝派兵进入朝鲜半岛，原地被汉朝分成4个郡。可是从漠北大战后，卫青一直处于投闲置散的状态，基本上淡出了时人的视野。公元前105年大将军卫青去世，虽说汉武帝念及旧情，葬礼备极哀荣，而且因为平阳公主的关系，长子卫伉继承爵位，但是大势已去的征兆已经很明显了。

征和二年的巫蛊之祸则把卫氏家族连根拔起。在这场惨绝人寰的政治斗争中，皇后卫子夫、太子刘据，两位公主以及丞相公孙贺、公孙敖、卫伉等人全部冤死，卫氏在汉廷内部的政治盟友因此损失殆尽。从此王谢堂前燕，飞入寻常百姓家。卫氏家族兴盛从前138年卫子夫入宫算起，到公元前91年为止，不足50年就全部灰飞烟灭，可谓"成也汉武，败也汉武"。读史至此，常使人为之感叹不已。元朝学者泰不华曾经做《卫将军玉印歌》，最后四句是："卫后废殂太子死，茂陵落日秋风起。天荒地老故物存，摩挲断文吊英魂。"气势恢宏，情系千古，沉郁顿挫，感人至深，颇有李白歌行之遗风。

第十章 名将风采 俎豆馨香

卫霍大将才，煌煌照史编。青史留名，不负人生，是多少人梦寐求之的人生目标。在人类历史的长河中，有以文章名，有以功业名，有以道德名。立功、立言、立德，三不朽是儒家推崇的人生至境。总括霍去病的一生，虽然英年早逝，但声威功烈震天下，赢得身前身后名，也算是不虚此行了吧！

第一节 功名熏灼英名传

"丈夫既许国,不复论死生。按剑出门去,万里如家庭。登高望山川,长啸天为青。安知百世下,史册书姓名。"在人类历史的长河中,人的一生何其短暂,又何其渺小。但是,雁过留声,人过留名,任何杰出的历史人物,其是非功过,人生行藏,任人评说,或者流芳百世,或者遗臭万年,以劝善惩恶,进行历史的评判。

卫霍大将才,煌煌照史编。先看史家的评论,司马迁在为霍去病作传时,把卫青和他合为一传,而把名气和战功远在其下的李广单独列传,同时对李广的描写生动形象,感人至深,对霍去病则"自卤获封户外,略而不具载",只夸奖了一句"卫青、霍去病亦以外戚贵幸,然颇用材能自进"。最后八个字总结:"嫖姚继踵,再静边方。"显得有些简略,明朝名士王世贞认为这与司马迁本人的价值取向有关,"意其人以文章高天下,怏怏奇数,不欲令武士见长耳"。其实,司马迁以当朝人修当朝史,必然有很多政治上的顾虑,他的如椽之笔没有对霍去病进行精当的总结与评价,自然与他的政治遭遇密切相关,只为李陵说了几句公道话便遭到宫刑之辱,自然对当朝受到汉武帝宠幸的人物持一种反感的情绪,但是作为史家,也不得不秉笔直书,把霍氏之功业详略得当地予以陈述。

第十章 名将风采 俎豆馨香

班固也把卫青与霍去病合传,内容没有多大的新意,对于霍去病的诸多人生行藏没有进行挖掘,但是也称赞霍氏曰:"票骑冠军,飙勇纷纭,长驱六举,电击雷震,饮马翰海,封狼居山,西规大河,列郡祈连。"其中的"长驱六举"是指漠南之战、河西大战、出祁连河西之战、河西受降、漠北决战,并把"饮马翰海,封狼居胥"从漠北决战中分了出来。

霍去病作为一个历史人物,自然免不了历朝历代人们对他的评价。东汉名士应劭喜欢月旦人物,得其一褒奖之语可以青云直上。他曾经把当朝的皇甫规与霍去病放在一起点评,他说:"孝武皇帝为骠骑将军霍去病治第舍,敕令视之,曰:'匈奴不灭,何以家为!'去病外戚末属,一介武夫,尚能抗节洪毅;而规世家纯儒,何独负哉!"在外戚当道、宦官专权的东汉末年,应劭作为清流之士,对外戚是相当厌恶切齿的,带有很大的个人偏见,但对霍去病有称誉之辞,不敢发诛心之论。皇甫规是当时的名将,党锢之祸中又有精彩的政治表现,被应劭视为清流领袖,引为同道,但在应劭眼里,依然认为其人其行与霍去病相去甚远。

横行绝漠表,饮马瀚海清。陇树枯无色,沙草不常青。勒石燕然道,凯归长安亭。县官知我健,四海谁不倾。但使强胡灭,何须甲第成。当令丈夫志,独为上古英。

千百年来,霍氏绝世英姿口口相传,深入人心,成为文臣武将的人生典范。曹操曾经问其诸子的志向,曹彰说道:"大丈夫当学卫青、霍去病,立功沙漠,长驱数十万众,纵横天下,何能作博士耶?"唐太宗在与名将李靖谈论兵法时,称赞霍去病用兵,与孙武、吴起暗合。宋朝名将岳飞对霍去病十分推崇,他说:"卫青、霍去病,将之典范,吾当效之。"宋朝军事理论家何去非也是对霍去病的赫赫战功推崇备至:"昔者,汉武之有事于匈奴也,其世家宿

大汉战神：霍去病传

将交于塞下。而卫青起于仆隶，去病奋于骄童，转战万里，无向不克，声威功烈震于天下，虽古之名将无以过之。"明朝名将戚继光则把霍氏称之为"神仙"："卫青、霍去病、谢玄、岳飞、中山武宁王，抑神仙乎？抑是我辈之人乎？"明朝大文豪王世贞在给戚继光的兵书《纪效新书》作序时也发出这样的疑问："余尝怪汉武帝时，下朝鲜，扫滇越，席卷瓯、闽、南三越，不旋踵而若承蜩然。其最难者匈奴耳，而大将军、骠骑将军以轻骑绝大漠，数得志焉。此岂尽出天幸，不至乏绝哉？"现代著名历史学家钱穆则把霍去病与西楚霸王相提并论："观去病之将兵，较之项王未多逊。……卫、霍虽以女宠进，而重以建功绝域自显，其一种进取勇决无畏之风，亦可敬矣。"伟大的战略家、军事家毛泽东则是这样评价的："作战在我不在敌，关键不拘于泥，昔汉将卫青、霍去病勇于革新战法，远渡绝漠，运动于敌之软肋，出敌不意，攻敌无备，故百战百胜。"无论从哪个角度，霍氏之功业受到了历代军事人物的推崇赞叹。

当然，霍去病没有留下任何兵书战策，有人据此认为霍去病仅仅是一介武夫，长于技而短于法，进而将霍氏的成功归结于天意，运气好而已。对此，何去非专门写了一篇雄文，论霍氏的用兵。他首先就霍氏不习古代兵书谈起：

> 兵未尝不出于法，而法未尝能尽于兵。以其必出于法，故人不可以不学。然法之所得而传者，其粗也。以其不尽于兵，故人不可以专守。盖法之无得而传者，其妙也。法有定论，而兵无常形。一日之内，一阵之间，离合取舍，其变无穷，一移踵、瞬目，而兵形易矣。守一定之书，而应无穷之敌，则胜负之数戾矣。是以古之善为兵者，不以法为守，而以法为用。常能缘法而生法，与夫离法而会法。顺求之于古，而逆施之于今；仰取之于人，而俯变之于己。

第十章　名将风采　俎豆馨香

由此说明了霍氏不拘古法的必要性，正是霍氏不墨守成规，大胆创新，才真正成为战场的主人。战场情况复杂，瞬息万变，"皆非法之所得胶而书之所能教也"。至于死读书而误国病民的事例屡见不鲜，赵括熟读兵书，谈论兵法战阵，头头是道，甚至连其父赵奢都辩不过他，可是赵奢并不以其子为能，反而忧心忡忡，断言将来断送赵国者非赵括莫属也，并在临死前留下遗言，千万不要任命赵括为将，否则死无葬身之地。至于人们怀疑霍氏之用兵，实际上是霍氏"既胜而不以语人，则人亦莫知其所以然者"。是人们不了解霍氏有以致之。因此，何去非得出结论说："信哉，兵之不可以法传也。昔之人无言焉，而去病发之。此足知其为晓兵矣。"而霍氏之所以未能留下兵书，这主要归因于他去世太早，天不假年，如果天佑其年，经过岁月的沉淀，战争经验的积累，也可能会留下煌煌大作。

冠军骠骑名，颂遍万民间。霍去病的烈烈武功、传奇人生自然也进入文学视野，成为文人骚客抒发心曲的绝佳题材。"票姚""骠骑""票骑""校尉""冠军""羽林郎"多是指霍去病，"焉支""祁连""玉门关"则是霍去病用兵之地，这些典故成为历朝历代诗歌的最美"诗眼"，诗人们吟之哦之，在文学史上留下了传颂至今的千古绝唱，余韵犹在，震古烁今。

在这些优美诗篇中，主题繁多，霍去病"一身能擘两雕弧，虏骑千重只似无"。金戈铁马，气吞万里如虎，那是何等的英雄霸气，自然引发诗人内心的共鸣，因此很对诗人不吝笔墨，着意描画，宣扬霍氏赫赫战功，借古讽今，借古人之酒杯浇心中之块垒。南朝齐梁间诗人虞羲《咏霍将军北伐》：

拥旄为大将，汗马出长城。长城地势险，万里与云平。凉秋八九月，铁骑入幽并。飞狐白日晚，瀚海愁云生。羽书时断绝，刁斗昼夜惊。乘墉挥宝剑，蔽日引高旍。云屯七萃士，鱼丽六郡兵。哀筋关下听，玉笛陇头鸣。先声锋自詟，三捷燧无惊。玉门罢斥堠，甲第始修营。位登万庾积，

大汉战神：霍去病传

功立百行成。天长地自久，人道有亏盈。未穷激楚乐，已见高台倾。当今麟阁上，千载有雄名。

诗人借歌咏霍去病击败匈奴事，抒发了为国建功立业的豪情。再如李白《塞下曲六首》之三写道："骏马似风飙，鸣鞭出渭桥。弯弓辞汉月，插羽破天骄。阵解星芒尽，营空海雾消。功成画麟阁，独有霍嫖姚。"诗中极力称赞霍去病反抗外族统治者侵略的功绩，雄壮豪放，气壮山河，读后令人振奋。隋朝名将杨素《出塞》写的也是霍去病远征漠北的盛况，气势雄浑，格调高昂，催人奋发，"漠南胡未空，汉将复临戎。飞狐出塞北，碣石指辽东。冠军临瀚海，长平翼大风。云横虎落阵，气抱龙城虹。横行万里外，胡运百年穷。兵寝星芒落，战解月轮空。严刁息夜斗，辛角罢鸣弓。北风嘶朔马，胡霜切塞鸿。休明大道暨，幽荒日用同。方就长安邸，来谒建章宫。"明朝诗人钱谦益的诗作《出塞二首》也描述了霍去病的武功："军行入大漠，遥见胡骑来。死战四五合，白日昏黄埃。战败虏星奔，血洒阴山隈。高功在主将，南向班师回。汉家开疆土，穷兵逐天骄。后有窦车骑，前有霍嫖姚。"这样的作品可谓车载斗量，都不同程度地抒发了对霍去病赫赫战功的敬仰、赞美之情。

"嫖姚""冠军"成为英武勇敢的象征，成了勇将的代名词，于是诗人们多用来指代守边立功的武将。如杜甫《后出塞五首·其二》，"朝进东门营，暮上河阳桥。落日照大旗，马鸣风萧萧。平沙列万幕，部伍各见招。中天悬明月，令严夜寂寥。悲笳数声动，壮士惨不骄。借问大将谁，恐是霍嫖姚。"明月高悬，万籁俱寂，军中军纪严明，军容壮阔。忽而悲咽的笳声划破夜空，从军壮士神情肃然，借问统领军队的大将是谁？大概又是一个票姚校尉霍去病。再如王维《出塞作》写道："居延城外猎天骄，白草连天野火烧。暮云空碛时驱马，秋日平原好射雕。护羌校尉朝乘障，破虏将军夜渡辽。玉靶角弓珠勒马，汉家将赐霍嫖姚。"写的是汉朝的人物，赞扬的却是与吐蕃对阵的边帅

第十章　名将风采　俎豆馨香

崔希逸。杜甫《赠田九判官》"崆峒使节上青霄，河陇降王款圣朝。宛马总肥春苜蓿，将军只数汉嫖姚。"杜甫夸的是霍去病，暗指的是时任河西节度使哥舒翰。

"功名只向马上取"，跟随霍去病为国立功，可以说是很多古人心中的梦想，显示了一种积极进取自强不息的人生态度，因此在很多人心中蕴涵着浓浓的霍去病情结，渴望像霍去病那样为国戍边，播兵威于异域，建立不世之功。南朝梁时一位骁勇善战的武将曹道宗在朝廷欢宴上写下了"去时儿女悲，归来胡笳竞。试问行路人，何如霍去病！"，梁武帝看后"赞叹不已"。岳飞毕生的理想，就是能同霍去病一样，"驾长车，踏破贺兰山缺。壮志饥餐胡虏肉，笑谈渴饮匈奴血"。（《满江红》）这种情结不仅武将有，文人也有，"抱剑辞高堂，将投霍冠军。"（李白《送张秀才从军》）"男儿怀壮节，何不事嫖姚。"（郑谷《寄边上从事》）"年发已从书剑老，戎衣更逐霍将军。"（李益《上黄堆烽》）"二年随骠骑，辛苦向天涯。"（戎昱《桂州腊夜》）"掷笔不作尉，戎衣从嫖姚。"（姚合《送任畹评事赴沂海》）"好脱儒冠从校尉，一枝长戟六钧弓。"（罗隐《登夏州城楼》）可谓壮怀激烈，豪气干云，催人奋进。

匈奴未灭不言家，驱逐行行边徼赊。霍去病一句"匈奴未灭，无以家为"传为千古美谈，打动了无数人的心怀，言人当立功立事，尽力为国，不可念私。有的则把霍去病一生行藏作为激励自己的参照，"岂无霍去病，能不以家为"。（吴文溥《门有车马客行》）"汉将承恩久，图勋肯顾私。匈奴犹未灭，安用以家为。郢匠虽闻诏，衡门竟不移。宁烦张老颂，无待晏婴辞。甲乙人徒费，亲邻我自持。悠悠千载下，长作帅臣师。"（徐铉《赋得霍去病辞第》），称赞霍去病高风亮节，可以做历代帅臣的楷模。"匈奴未灭，何以家为？生平审处，岂后嫖姚。"（侯方域《为司徒公与宁南侯书》）借霍去病的高风亮节来规劝明末大将左良玉。当时左良玉手握重兵，欲进发南京，侯方域作书劝止。"桓桓霍将军，出入光百辟。位重言益卑，功高志弥仰。誓欲报仇雠，不肯怀第宅。"（陈基《泰州诗》）类似的诗作还有很多，不再一一列举。

有的借霍去病英年早逝来表达人生之无常，富贵无根："长安甲第高入云，谁家居住霍将军。日晚朝回拥宾从，路傍揖拜何纷纷。莫言炙手手可热，须臾火尽灰亦灭。莫言贫贱即可欺，人生富贵自有时。一朝天子赐颜色，世上悠悠应始知。"（唐朝诗人崔颢《长安道》）"边头何惨惨，已葬霍将军。"（王昌龄《塞下曲四首之四》）借霍去病之死，渲染了战争的残酷以及作者对战争的厌恶。"落英飘蕊雪纷纷，啼鸟如悲霍冠军。"（唐朝诗人宰相武元衡《和李丞题李将军林园》）诗字里行间表达了诗人的同情之心，充满了言外之思，感叹人生的变迁，人间万事都如梦，百年衰落归黄泉。

总之，在一百个人眼里有一百个霍去病，万人评说中，时光冉冉，已历两千载。

第二节　纵死犹闻侠骨香

"渭水桥边不见人，摩挲高冢卧麒麟。千秋万古功名骨，化作咸阳原上尘。"秦岭北麓的关中平原，南有秦岭，西有陇山，西起宝鸡，东到潼关，四周有山河之险，易守难攻，号称"金城千里"，"四塞之国"，泾河、渭河奔流而过，沃野千里，物阜财丰，是西周、秦、西汉以及后来的隋唐等众多王朝的龙兴之地。一般而言，凡是寿命较长的王朝，只要没有发生很大的变故，帝陵都选择在离都城较近的地方，按照血缘的世代沿袭，实行"子随父葬，祖辈衍继"的丧葬制度，从而形成了集中连片的皇陵区，如唐朝的关中十八陵、南宋六陵、明朝十三陵、清东陵，都是一代王朝统治者集中埋葬的地区。位于关中腹地、泾渭之交的咸阳，是西汉皇陵的主要集结地，一共埋葬着西汉十一位皇帝中的九位，陵墓自西向东依次排列，绵延100多里，气势恢宏阔大，尽显帝王气象。

茂陵位于今陕西兴平市城东北南位乡，西距兴平市12公里，东距咸阳15公里。此地在西汉时期归属于槐里县的茂乡，因地得名，所以称之为"茂陵"。按照惯例，从皇帝登基就开始为自己选择吉地，修建陵墓，作为自己百年之后的安息之地。刘彻也是如此，他从登基的第二年就开始动工兴建，由于他本人寿命很长，一直持续公元前87年刘彻去世，历时长达半个世纪。"汉诸陵皆高

大汉战神：霍去病传

茂陵博物馆展出的汉代彩绘男立俑和女立俑
于博文　摄影

12丈，方120丈，惟茂陵高14丈，方140丈。"汉代是中国历史上厚葬之风最盛行的时期，"事死如事生"的丧葬原则使汉武帝墓内殉葬品极为豪华丰厚，《晋书·索绋传》云："汉天子即位一年而为陵，天下贡赋三分之一，一供山庙，一供宾客，一充山陵。"茂陵"金钱财物、鸟兽鱼鳖、牛马虎豹生禽，凡百九十物，尽瘞藏之"，在汉代帝王陵墓中是规模最大、修造时间最长、陪葬品最丰富的一座，被称为"中国的金字塔"。

长陵高阙此安刘，附葬累累尽列侯。西汉时期从高祖开始，各陵都安置了很多陪葬墓，被称为"陪陵"，生前"君为元首，臣为股肱"，死后也要聚首，形成"众星共绕北辰，诸辐咸归车，群臣尊辅天子"的格局，从而造就了规模宏大的陪葬墓地。能够有资格陪葬者都是当时的朝廷重臣以及皇亲国戚。陪葬者在世时的地位越显赫，离帝陵就越近，封土也就越高大，但是不能高于帝陵，可见即便死后也要严格按照生前的等级秩序进行安葬。据史书记载，陪葬汉高祖长陵的有萧何、曹参、张良等一些开国元勋，陪葬者的墓地多是皇帝所赐，分别建有陵园、园邑和祠堂。有的还把子孙附葬在父祖墓旁，形成宗族墓地。

茂陵同样有陪葬墓，陵周陪葬墓有李夫人、卫青、霍去病等人的墓葬。霍去病的墓葬在茂陵东侧1公里处，从距离可以看出汉武帝与霍去病关系之亲近程度。无情未必真豪杰，汉武帝时期"独尊儒术"，儒家学说统一天下，孔子曰："生，事之以礼；死，葬之以礼，祭之以礼。"对于亡者的追念最终就落

第十章 名将风采 俎豆馨香

实在丧葬典礼之上,以致儒家对丧葬的讲究到了繁文缛节的程度。汉武帝对于霍去病英年早逝痛惜无比,所以他对于霍去病的安葬,下了很大的功夫,费了很多心思。

首先,坟茔封土的设计独具匠心,以封土为陵,形成了一定规模的人造山。为了表彰霍去病的显赫战功,"为冢象祁连山",这是历史上首次开创了以墓像山的墓丘封土新形式,象征意义非常明显,为了表彰霍去病生前数次征伐河西,在祁连山一带战无不胜,威震匈奴,为汉武帝巩固、开拓西北边疆立下辉煌战功。霍去病墓冢上下以及墓地四周,摆放了很多未加雕凿的岩块,散乱竖立在苍松翠柏之间,一派山静林深曲径通幽的景象。

其次,汉武帝不惜工本,为霍去病的陵墓配置了具有纪念碑性质的大型石刻群,存于陕西兴平道常村西北,是公元前117年汉武帝命令少府属官左司空署召集当时优秀的石刻匠师所雕凿打造的。由于工期很短,时间紧迫,西汉的工匠们来不及精雕细刻,就依照石材的形状,顺其自然,在某些关键部位精雕细刻,而在不显眼的部位略加打磨和修整,该繁则繁,该简则简,远望如自然散落的山石,近观则动物的神态惟妙惟肖,毕露无遗,是

霍去病墓　刘宏　摄影

霍去病墓墓碑　刘宏　摄影

大汉战神：霍去病传

目前中国现存时代最早、保存最完好的一批陵墓石雕艺术珍品，此前从未发现过这样的大型石雕群。

由于相距时间已经非常遥远，加上战争以及人为破坏，石刻总数已经难以确定，到目前为止，霍去病墓石刻尚存有马踏匈奴、卧马、跃马、卧虎、卧象、石蛙、石鱼二、野人、野兽食羊、卧牛、人与熊、野猪、卧蟾等14件，代表作品为"马踏匈奴""伏虎""跃马"等，气魄深沉雄大，以"马踏匈奴"为主题，宣扬霍氏赫赫战功，其余的作品也是围绕这一主题展开，与墓所象征的环境结合起来进行演绎和烘托，有的展现荒蛮的原野，有的体现激烈残酷的战场，有的表现悍勇无敌的西汉军士等，把古战场的意境表达得自然、逼真，同时又粗放豪迈，简练传神。既有天然的背景，又有人工的雕凿，烘托了主体雕刻"马踏匈奴"，从而构成了一个完整的战场模拟画像。

曾子曾说过"慎终追远，民德归厚矣"，丧葬在中国社会有着非同寻常的政治及社会意义，既是礼仪所关，又是政治宣示，还是文化寄托。因此，霍去病墓石刻群雕用中国式纪念碑雕刻风格，彰显霍去病的不世之功，寄托了对英雄的歌颂和哀思，以及对抗击匈奴那段峥嵘岁月的忠实记录，也反映了汉武时期生机勃勃昂扬进取的时代精神，把开疆拓土视为国家之使命，把沙场捐躯视为人生之荣耀，墓地的格调是昂扬的、奋进的，令人心情激越的，而不是低沉的、悲戚的，是促人奋发的，而不是使人消沉的，从而给后人留下了无限的想象空间。

"文人骚客感慨多，风花雪月相思众。"作为功臣陵寝，自然吸引了不少历代

霍去病墓旁的石卧马　刘宏　摄影

第十章　名将风采　俎豆馨香

的文人骚客前来驻足停留，流连忘返，寄托哀思，追念先贤，发思古之幽情，遣难言之心曲，从而留下了不少楹联匾额以及诗作：

> 汉家天马出蒲梢，苜蓿榴花遍近郊。
> 内苑只知含凤觜，属车无复插鸡翘。
> 玉桃偷得怜方朔，金屋修成贮阿娇。
> 谁料苏卿老归国，茂陵松柏雨萧萧。
>
> （唐·李商隐）
>
> 画栏桂树悬秋香，三十六宫土花碧。
>
> （唐·李贺）
>
> 元戎授钺为防边，斥堠传烽未息烟。
> 尽道长驱如卫霍，何人起冢象祁连。
>
> （明·钱谦益）
>
> 英雄从来只数君，荒坟犹自上侵云。
>
> （清·徐开熙）
>
> 茂陵何崔峻，巍巍一望中。
>
> （费尚彬）

作为功臣陵寝，历代统治者都予以保护，禁止民间散杂人进入墓地樵采狩猎以及开荒种地活动，有的还专门设置一定数量的守墓人员进行保护，防止有人盗墓。见于记载的有公元970年，宋太祖下诏有司把前代功臣、烈士依据其功业优劣上报，当时共分为三等，孙膑、晏婴、公孙杵臼、乐毅、曹参、陈平、韩信、周亚夫、卫青、霍去病、霍光、关羽、张飞、诸葛亮、房玄龄、长孙无忌、魏徵、李靖、李勣、尉迟敬德、浑瑊、段秀实等人勋德高迈，为第一等；赵简子、孟尝君、赵奢、丙吉、高士廉、唐俭、岑文本、马周次之；慕容德、

大汉战神：霍去病传

裴寂、元稹又次之。于是，下诏孙膑等人的坟茔各置守冢3户，赵简子等人各置2户，免除其劳役，慕容德等人的坟茔禁樵采。由于霍去病名列一等，所以在北宋时期，霍去病的墓有守冢3户进行看护。

1777年孟秋，陕西巡抚毕沅为茂陵和李夫人、卫青、霍去病、霍光等墓前各竖石碑一通，并命令地方官员小心看护。霍去病石碑题铭为："汉骠骑将军大司马冠军侯霍公去病墓"；上款为"赐进士及第兵部侍郎陕西巡抚兼都察院右副都御史毕沅书"；下款为"大清乾隆岁次丙申孟秋，知兴平县事顾声雷立石"。

另外，作为名垂青史的人物，河南邓州有霍去病墓，系衣冠冢，以示纪念，为县级文物保护单位，山西和塞外等地也有霍去病衣冠墓。

寂寞身后事，千秋万岁名。霍去病作为保家卫国的战神，也得到了历朝历代的推崇，以激励当代人为国尽忠。731年，唐玄宗把姜太公比为"武圣"，地位与孔子的"文圣"相同，所以设立了太公庙，姜太公被追封为武成王，所以太公庙又称"武成庙"。庙中选取了古代名将十人配享香火，他们是张良、田穰苴、孙武、吴起、乐毅、白起、韩信、诸葛亮、李靖、李勣，号称"十哲"，这些人多数都是军事家，多人有兵书传世，以每年二、八月上戊日举行致祭大典，仪式如同祭拜孔子，相当隆重。建中三年（公元782年），在颜真卿的建议下，又选择了64位历代名将配享武成庙，李广、卫青、霍去病都在其中，享受香火祭祀，历久而不绝。

大事年表

公元前140年,1岁,霍去病出生于平阳公主府一个女奴之家,系其母卫少儿与县吏霍仲孺私通而生。

公元前139年,2岁,汉武帝造访平阳公主府,霍去病姨母卫子夫入宫。

公元前136年,5岁,卫青为建章监,侍中。子夫为夫人,青为太中大夫,卫氏一家开始显贵。

公元前133年,8岁,马邑之谋,结束了西汉自立朝以来对匈奴被动退让的和亲政策,同时也拉开了汉匈全面战争的序幕。

公元前130年,11岁,卫青为车骑将军,统兵出击匈奴,斩首虏数百骑,赐爵关内侯,史称龙城之战。

公元前128年,13岁,卫子夫生太子刘据,被立为皇后。卫青出雁门,击匈奴,斩首虏数千人。

公元前127年,14岁,卫青伐匈奴,有功,收河南,捕首虏数千。畜数十万,走白羊、楼烦王,遂以河南地为朔方郡,封为长平侯。

公元前124年,17岁,卫青夜袭右贤王,得右贤裨王10余人,众男女1.5万余人,畜数百万,引兵而还。至塞,天子使使者即军中拜青为大将军,诸将皆以兵属大将军,大将军立号而归。

大汉战神：霍去病传

公元前123年，18岁，定襄之战，从大将军为票姚校尉，勇冠三军，封为冠军侯，封地1600户。

公元前122年，19岁，卫子夫的儿子刘据被立为皇太子。

公元前121年，20岁，霍去病以冠军侯为骠骑将军，将万骑出陇西，有功，益封2000户；其夏，霍去病跨居延，至祁连山，捕首虏甚多，益封霍去病5000户。

其秋，浑邪王与休屠王等谋欲降汉，使人报天子。汉武帝命骠骑将军将兵往迎，斩杀乱兵8000余人，遣浑邪王乘传先诣行在所，尽将其众渡河，降者数万，益封1700户。

公元前119年，22岁，汉武帝命大将军卫青、骠骑将军霍去病各将5万骑，出击匈奴。霍去病率师约轻赍，绝大幕，俘单于章渠、屯头王、韩王等，将军、相国、当户、都尉83人，斩获匈奴兵70 443人，封狼居胥山，禅于姑衍，登临翰海，益封5800户。

同年汉武帝设置了大司马的职位，大将军卫青、骠骑将军霍去病皆加官为大司马。同时下令，骠骑将军秩禄与大将军相同。

公元前117年，24岁，大司马霍去病卒，谥曰景桓侯（布义行刚曰景，辟土服远曰桓），葬于茂陵。

公元前105年，大司马大将军卫青卒，谥为烈侯（有功安民曰烈，秉德尊业曰烈），葬于茂陵。

参考文献

（一）古　　籍

1. 司马迁. 史记[M]. 北京：中华书局，1959.

2. 班固. 汉书[M]. 北京：中华书局，1962.

3. 范晔. 后汉书[M]. 北京：中华书局，1959.

4. 司马光. 资治通鉴[M]. 北京：中华书局，1956.

5. 军事科学院战争理论研究部《孙子》注释小组译. 孙子兵法新注[M]. 北京：中华书局，1997.

（二）著　　作

1. 王利器. 盐铁论校注[M]. 天津：天津古籍出版社，1983.

2. 陈序经. 匈奴史稿[M]. 北京：中国人民大学出版社，2007.

3. [美]罗伯特·L.奥康奈尔，卿劼、金马译. 兵器史：由兵器科技促成的西方历史[M]. 海口：海南出版社，2009.

4. 宋超，宋德金. 汉匈战争三百年[M]. 北京：华夏出版社，1996.

（三）论　　文

1. 崔丽芳. 论西汉内朝政治的源起和特征[J]. 安顺学院学报，2010.

2. 李宜春. 浅析西汉时期的内朝政治[J]. 史学月刊，2000年03期。

3. 宋超. 汉匈战争与北边郡守尉[J]. 南都学坛，2005年03期。

4. 万海峰，肖燕. 略论汉武帝时期的盐铁专卖制度[J]. 江西社会科学，2007年02期。

5. 梁发芾：《"雄才大略"汉武帝的真实面目：中国财政史上一大狠角》，《凤凰财知道》，2016年05月19日。

6. 苏诚鉴. 论西汉"中外朝"的形成及其作用[J]. 江淮论坛，1983年第4期。

7. 韩养民. 汉武帝时期的中外朝[J]. 西北大学学报，1978.

8. 罗义俊. 论汉武帝时代内朝的创置和健全[J]. 先秦秦汉史，1988.

9. 李宜春. 论西汉的内朝政治[J]. 史学月刊，2000年第3期。

10. 乔国华. 汉武帝时期中朝形成过程简析[J]. 历史教学，2002.